W0088592

rowohlts monographien
begründet von Kurt Kusenberg
herausgegeben von Wolfgang Müller
und Uwe Naumann

Johannes Gutenberg

Dargestellt von Stephan Füssel

Rowohlt Taschenbuch Verlag

Umschlagvorderseite: Johannes Gutenberg. Kolorierter
Kupferstich nach André Thevet, 1584.
Umschlagrückseite: Eine reich illuminierte Seite
(Anfang des Buches Genesis) der Gutenberg-Bibel (B 42)
von 1454. Pergament-Exemplar der Staats- und
Universitätsbibliothek Göttingen
Älteste Darstellung einer Druckwerkstatt.
Holzschnitt in einem 1499 in Lyon von Matthias Huß
gedruckten «Totentanz»

Seite 3: Bertel Thorvaldsen: Ausschnitt aus einem Entwurf
für ein Flachrelief des Gutenberg-Denkmals in Mainz.
Gutenberg im Gespräch mit Fust
Seite 7: Ausschnitt aus einem angeblichen Porträt
Gutenbergs; in Straßburg zu Beginn des
18. Jahrhunderts gemalt; 1870 zerstört.
Abbildung nach einer 1832 gefertigten Kopie
im Mainzer Gutenberg-Museum

Originalausgabe
Veröffentlicht im Rowohlt Taschenbuch Verlag
GmbH, Reinbek bei Hamburg, Dezember 1999
Copyright © 1999 by Rowohlt Taschenbuch Verlag
GmbH, Reinbek bei Hamburg
Alle Rechte an dieser Ausgabe vorbehalten
Umschlaggestaltung Ivar Bläsi
Redaktionsassistenz Karolin Marhencke
Reihentypographie Daniel Sauthoff
Layout Gabriele Boekholt
Satz PE Proforma *und* Foundry Sans *PostScript,*
QuarkXPress 4.04
Gesamtherstellung Clausen & Bosse, Leck
Printed in Germany
ISBN *3 499 50610 6*

INHALT

Der 600. Geburtstag Johannes Gutenbergs im Jahr 2000 bietet Anlaß, sich erneut seiner Biographie, vor allen Dingen aber seiner Wirkungsgeschichte zuzuwenden. Gutenberg faßte eine Vielzahl technischer Entwicklungen, vom Guß der Einzeltypen über die Technik des Satzes, vom Einfärben bis zum Druck der Texte, in einer solchen Perfektion zusammen, daß es erstmals möglich wurde, Wissen in typographisch angemessener Schönheit und in hoher Auflage zu verbreiten.

Zu Recht bemerkte Georg Christoph Lichtenberg im 18. Jahrhundert in einem Aphorismus, daß «mehr als das Blei in den Kugeln, das Blei in den Setzkästen die Welt verändert» hat. Und daher wurde Gutenberg am Ende des Zweiten Jahrtausends von einem amerikanischen Forscherteam zum «man of the millenium» gewählt, mit der Begründung, daß alle wichtigen Entwicklungen der nachfolgenden Jahrhunderte, ob es sich um die Entdeckungsreisen des Kolumbus, die Reformation Luthers oder die Aufklärung im 18. Jahrhundert handele, ohne die Wirkungen des von Gutenberg begründeten neuen Massenmediums nicht möglich gewesen wären.

Wandte sich Gutenberg zunächst mit seinen Publikationen an den großen Mäzen aller Wissenschaften und Künste des Mittelalters, die Kirche, so bemächtigte sich rasch die geistige Strömung des Humanismus mit ihrem Glauben an die allgemeine Bildungsfähigkeit des Menschen dieser neuen technischen Entwicklung und stellte sowohl Texte der Antike wie volkssprachige Übersetzungen in hohen Auflagen bereit.

Zeitung und Zeitschrift, Flugblatt und Flugschrift boten Nachrichten und Hintergrundwissen, schufen eine öffentliche Meinung und ein Forum für die Reformation von Kirche und Gesellschaft. Die mittelalterlichen Folianten wurden durch handliche Taschenbücher abgelöst, die Versepen des Mittelalters durch die neue Kunst der Romane verdrängt. Zwar blieb das Latein noch viele Jahre die Sprache der Gebildeten, doch errangen die Volkssprachen am Ende des 16. Jahrhunderts bereits eine deutliche Vormachtstellung. Gutenbergs technische Entwicklungen blieben fast 350 Jahre konkurrenzlos; erst Industrialisierung und Mechanisierung im 19. Jahrhundert schufen die Grundlagen zu einer quantitativen Ausweitung des Druckgewerbes. Die digitale Revolution der Gegenwart verdrängt nun das Blei und ist dabei, auch das Papier zu ersetzen. Die mit Johannes Gutenberg begonnene Kommunikationsrevolution hält jedoch weiterhin an.

Diese Monographie ist der Versuch, die wenigen lebensgeschichtlichen Daten zu einem realistischen Bild des Erfinders und Kaufmanns Gutenberg zu verbinden, seine Stellung innerhalb der Technik- wie in der Geistesgeschichte zu erhellen und vor allen Dingen die Wirkungsgeschichte seiner epochalen Erfindung nachzuzeichnen.

Die Vorgeschichte:
Holzschnitt und Handschrift

«An dem Tag, an dem du das Bild des Heiligen Christophorus ansiehst, wirst du nicht eines plötzlichen Todes sterben.» Diese in Holz geschnittene Bildunterschrift auf einem der frühesten erhaltenen Einblattdrucke aus dem Jahr 1423 illustriert den Stellenwert dieses Heiligenbildchens auf eindrucksvolle Art und Weise: Das Bild des in der Volksfrömmigkeit sehr beliebten hl. Christophorus, der in der religiösen Unterweisung sowohl ein Zeichen für die Allmacht Gottes wie für die praktizierte Nächstenliebe sein konnte, war weit verbreitet wegen seines Schutzes vor der «mors repentina» oder «mala», der Angst vor einem plötzlichen oder einem schlimmen Ende, das keine Gelegenheit mehr zur Reue, Buße und Umkehr bot. Noch heute findet sich in Süddeutschland, Österreich und Südtirol eine Vielzahl von Darstellungen des hl. Christophorus in Kirchenfenstern, in Fresken und auf Bildstöcken am Wegesrand. Die Möglichkeit, sich der Segenswirkung des hl. Christophorus nicht mehr nur an öffentlichen und kirchlichen Bauwerken zu versichern, sondern sich ein solches Heiligenbild mit nach Hause zu nehmen, zeigt einen ersten, wichtigen Medienwechsel an. Kirchliche Unterweisung war – neben der Predigt – auf die jahrhundertealte Tradition der bildlichen Veranschaulichung biblischer und theologischer Inhalte in Kirchenfenstern, auf Bronzetüren, im Skulpturenschmuck oder in Freskenzyklen und Tafelbildern beschränkt gewesen. Einen ersten Umbruch finden wir zu Beginn des 15. Jahrhunderts, als der für die Reform des religiösen Lebens unermüdlich tätige Kanzler der Pariser Universität, Jean Gerson (1363 – 1429), die Anregung gab, «um die religiöse Unwissenheit des Volkes zu steuern, belehrende Tafeln in den Kirchen aufzuhängen». Diese Anregung nahm im deutschsprachigen Gebiet u. a. Nikolaus von Kues (1401 – 1464) auf. Bei seinen Konsultationen in deut-

9

schen Diözesen hatte er erfahren, daß selbst die wichtigsten
Gebete vielfach weder den Gläubigen noch den Pfarrern bekannt waren. So ließ er in verschiedenen Kirchen in Holz geschnittene «Vaterunser-Tafeln» anbringen.

Der Einblattdruck des hl. Christophorus wurde auf Papier von
einem Holzstock abgerieben: Eine Vorzeichnung war seitenverkehrt auf einen Holzstock aufgebracht worden, danach
wurden die nichtdruckenden Teile eingetieft, die stehengeblie-
benen Teile (Stege) eingefärbt, ein angefeuchteter Bogen Papier
darüber gelegt und mit einem Stoffballen abgerieben. Die Farbe schlug dabei meistens durch, so daß die Rückseiten in aller
Regel nicht bedruckt wurden. Sowohl die bildliche Darstellung wie auch die Textzeile wurden in einen einzigen Holzstock geschnitten, der mehrere hundert Male abgerieben werden konnte.

Zu Beginn des 15. Jahrhunderts finden wir in ganz Mitteleuropa die Grundvoraussetzungen für eine massenhafte Verbreitung von Bildern und Texten: einmal das Papier und zum
anderen die Hochdrucktechnik des Holzschnittes.

Das Papier war bereits im 2. Jahrhundert n. Chr. in China
erfunden worden. Es verbreitete sich zunächst im asiatischen
Raum, gelangte dann im 10. Jahrhundert über die Seidenstraße
bis nach Damaskus und Bagdad, und von dort mit der Expan-
sion des Islam über Nordafrika nach Spanien und Italien, wo
sich im 12. und 13. Jahrhundert die ersten Papiermühlen finden. Im 14. Jahrhundert arbeiten Papiermühlen auch in Frankreich, seit spätestens 1390 in Deutschland, wo die Papiermühle von Ulman Stromer in Nürnberg sicher belegt ist. Papier
kostete schon in den Anfangsjahren seiner Verbreitung nur
ein Viertel des Preises von Pergament, der kostbaren Tierhaut.
Als Rohstoff für das Papier dienten Lumpen und Hadern (Stoff-
reste), die in mit Wasser gefüllten Bütten («Büttenpapier»)
eingeweicht und verfilzt wurden. Dieses Rohmaterial wurde
bogenweise mit einem Siebrahmen abgeschöpft; die in den
Siebrahmen eingelegten Drahtmotive sorgten dafür, daß das
Papier an diesen Stellen etwas dünner geriet und somit die so-

Der hl. Christophorus. Kolorierter Einblattholzschnitt, mit 1423 datiert, nach dem Exemplar der John Rylands Library, Manchester

genannten Wasserzeichen sichtbar wurden. Mit Hilfe der Wasserzeichen lassen sich viele undatierte Drucke datieren und lokalisieren.

Auch die Technik des Holzschnittes war bereits mehrere hundert Jahre zuvor in Asien bekannt. Aus dem 7. und 8. Jahrhundert haben sich in China, Korea und Japan sowohl die Holzstöcke als auch die Abreibungen auf Papier von konfuziani-

Ars moriendi.
Blockbuch,
um 1470.
Eine Sterbe-
lehre in
deutscher
Sprache

schen und buddhistischen Lehrsätzen (Sutren) erhalten.[1] Beim
Einschneiden von Texten in Holzstöcke ging es dort in erster
Linie um Bewahrung und nicht um massenhafte Verbreitung.
In Korea gibt es bis heute zahlreiche Bibliotheken, die die Druck-
stöcke aufbewahren, von denen immer wieder einzelne Abzü-
ge genommen werden können. Der Holztafeldruck verbreitete
sich bald nach Zentralasien und erreichte etwa im 11. Jahrhundert Bagdad und Kairo. Unter mongolischer Herrschaft wurde
im 13. Jahrhundert in Täbris Papiergeld mit chinesischen
Schriftzeichen gedruckt, von dem sich einige Exemplare im

15. Jahrhundert in Mitteleuropa wiederfinden. Möglicherweise sind durch den Vormarsch der Mongolen sowohl Spielkarten als auch die Kenntnis des Holztafeldrucks nach Europa gelangt. Spielkarten sind dann auch im frühen 15. Jahrhundert
die beliebtesten Anwendungsformen des Holzschnittes, neben
Heiligenbildern und Nachrichten auf Flugblättern.

Wenn mehrere Einblattdrucke zu einem kleinen Buch
zusammengefügt werden, spricht man von einem «Blockbuch»[2]. In solchen Blockbüchern wurden Bilder und Texte in
Holz geschnitten. Wir kennen kürzere religiöse Texte wie die

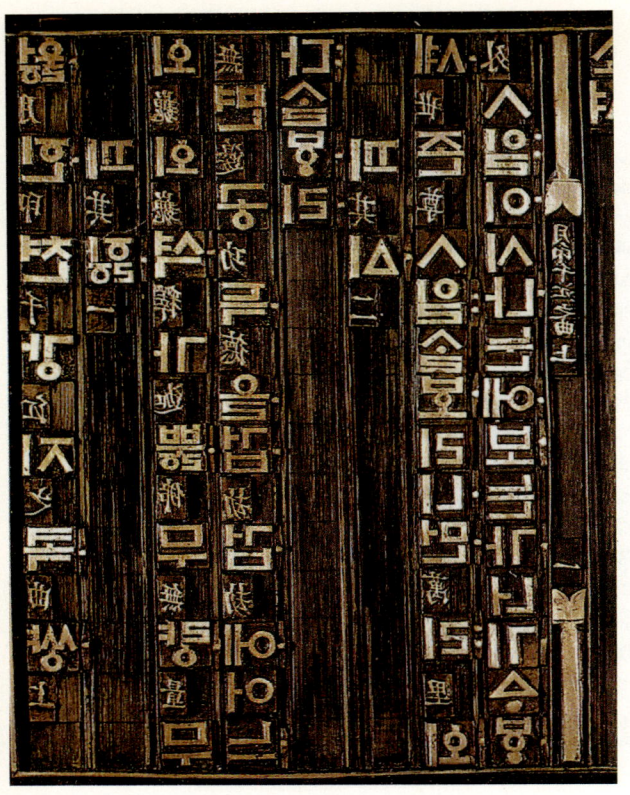

«Zehn Gebote» oder das «Hohe Lied», aber auch weltliche Rat-
geber wie etwa eine Handlesekunst. Weit verbreitet war die
Gattung der «ars moriendi», der Sterbelehre. Die Abbildung
auf S. 12 und 13 zeigt eine Illustrations- und eine Textseite aus
einer in Holz geschnittenen deutschsprachigen Sterbelehre
aus den Jahren um 1470. Der Text wendet sich sowohl an den
Sterbenden selbst als auch an seine Begleiter. Das Auf und Ab
des Todeskampfes, die Anfechtungen des Teufels und die Er-
lösung durch Christus werden in sehr sprechenden Illustrationen und kurzen Texten zum Ausdruck gebracht.

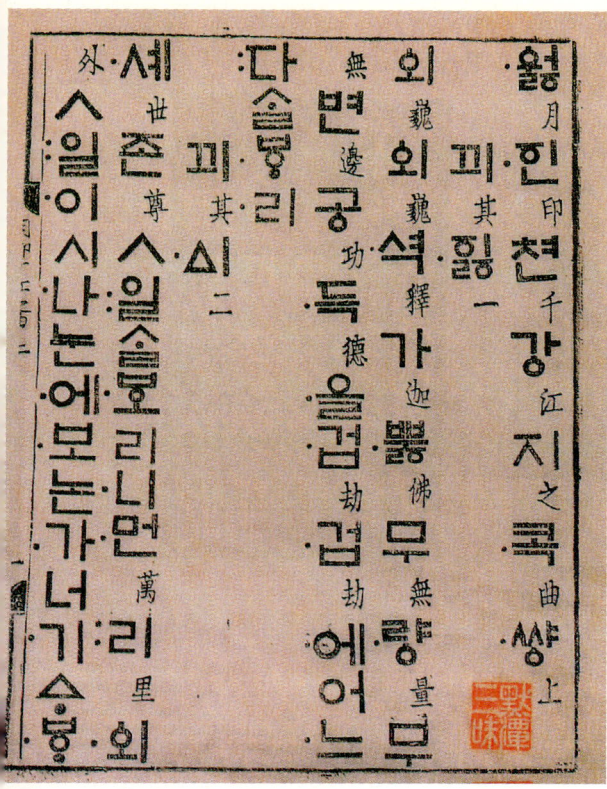

Satzform und Abzug eines Gedichtes in Hangul-Lettern, 1447 gedruckt in Korea

Parallel zur Einführung der Holzschnittechnik hatte sich im 15. Jahrhundert die Herstellung von Handschriften aus dem kirchlichen und klösterlichen Bereich emanzipiert und wurde in weltlichen Schreiberwerkstätten praktiziert. Über eine Werkstatt von Diebold Lauber in Hagenau im Elsaß erfahren wir, daß dort seit den dreißiger Jahren des 15. Jahrhunderts religiöse und weltliche Handschriften in großer Zahl auf Vorrat produziert, noch in der Werkstatt illustriert und dann gewerbsmäßig verkauft wurden. Bereits in der ersten Hälfte des Jahrhunderts hatten sich also die Beschreibstoffe wie die

Herstellungstechniken und die Vertriebsformen von Büchern grundlegend verändert.

Eine Triebfeder dafür war das Aufblühen der Wissenschaften, das zu einer grundlegenden Reform der Hochschulausbildung und zur Gründung zahlreicher Universitäten wie in Köln 1388 und Erfurt 1389, in Leipzig 1409 oder in Löwen 1425 führte. Die entscheidende geistige Strömung der Zeit war der Humanismus mit seinem Glauben an die allgemeine Bildungsfähigkeit des Menschen und einer neuen geistigen Offenheit, die Platonismus und Christentum miteinander zu verbinden suchte.

Universitätsgründungen

Prag 1348 – Wien 1365 –
Heidelberg 1386 – Köln 1388 –
Leipzig 1409 – Freiburg
i. B. 1457 – Mainz 1477

Die Städte gewannen im 15. Jahrhundert immer mehr an Bedeutung durch das Aufkommen einfacherer Industrien wie etwa der Tuch- oder Leinenproduktion und innovativer Proto-Industrien, die mit Wind- und Wasserkraft arbeiteten. Daneben wurden – aus Italien kommend – neue Formen von Finanzierungsgesellschaften und Bankgeschäften erprobt. Die alten Hanse-Privilegien gingen verloren, und neue Handelswege entstanden, die gerade Oberdeutschland eng mit Italien und Frankreich verbanden. Über solche Handelswege mag auch die Kenntnis von ostasiatischen Druckformen nach Europa gekommen sein, doch ließ sich eine solche Brücke trotz intensiver Suche nicht nachweisen. In China wurde seit dem 11. Jahrhundert mit Tonstempeln für einzelne Zeichen experimentiert, in Korea im 14. Jahrhundert mit Zeichen aus Bronze und anderen Metallegierungen. War zunächst die große Zahl von über 10000 Schriftzeichen ein Hinderungsgrund für die praktische Anwendung des Gusses und Satzes von Texten, so war durch die Einführung des Hangul-Alphabetes durch König Sejong (allerdings erst um 1444!) in Korea die Möglichkeit gegeben, neue Gußverfahren mit den Vorteilen einer geringen Typenanzahl zu kombinieren (vgl. Abb. S. 14/15). Gegossen wurde zunächst in Sandformen, die Typen konnten daher nicht die Randschärfe aufweisen wie später bei Gutenbergs

Technik. Es bleibt jedoch das interessante Phänomen zu verzeichnen, daß zeitgleich an den beiden Enden der damals bekannten Welt mit ähnlichen Techniken experimentiert wurde. Die Bündelung der unterschiedlichen Erfindungen Gutenbergs – vom Guß der Lettern, den Drucktinten, der Form des Satzes bis hin zur Presse – verleiht seiner Technik jedoch einen ganz eigenständigen Charakter, der sich auch durch die anders gelagerte Wirkungsgeschichte einer weitgehend freien Entfaltung, zunächst uneingeschränkt von kirchlichen, gesellschaftlichen oder zünftigen Regelungen, auszeichnet.

Mainz – Straßburg – Mainz

Das 15. Jahrhundert ist eine Zeit wirtschaftlicher und geistiger Öffnung und gleichzeitig politischer und kirchenpolitischer Stagnation. Dem Kaiser standen die Reichsstände gegenüber, von denen wiederum die Kurfürsten besonders herausgehoben waren. Auf den unregelmäßig einberufenen Reichstagen zeigte sich die Abhängigkeit des Kaisers von den Fürsten etwa in den Hussiten- oder in den späteren Türkenkriegen. Die Territorialherren gewannen immer mehr Macht, auch die Städte nahmen häufig eine rechtliche Sonderstellung ein.

Die Stadt Mainz hatte zu Beginn des 15. Jahrhunderts etwa 6000 Einwohner, die sich in dieser schwierigen Umbruchsituation eine neue Ratsverfassung gaben, die gegenüber den alten Patriziergeschlechtern nun das Informations- und Mitbestimmungsrecht der Zünfte stärker gewichtete. In der Auseinandersetzung zwischen Patriziat und Zünften mußten die Angehörigen der patrizischen Familien mehrfach die Stadt verlassen, verließen sie zum Teil auch selbst aus Protest. In den vierziger Jahren entwickelte sich die finanzielle Lage der Stadt so katastrophal, daß sie sich bei den umliegenden Städten, vor allen Dingen bei Frankfurt, hoch verschulden mußte. 1456 war die Stadt faktisch zahlungsunfähig und quasi ein Pfand von Frankfurt.[3] In dieser Zeit konnte sich Mainz aber immer noch als Freie Stadt fühlen; nach der Stiftsfehde von 1462 wurde sie jedoch eine bischöfliche, kurfürstliche Stadt. Die wirtschaftliche Lage führte um 1450 zu einer Rezession und einem deutlichen Bevölkerungsrückgang. Aus diesem Grund wurden die Zuwanderung begrüßt und Neubürger für zehn Jahre von allen Steuern und Abgaben befreit. In Handwerk und Handel waren Holzhandel und Holzverarbeitung, Schiffstransport, Weinbau und Ackerbau, aber auch Tuchweberei, Eisen- und Buntmetallverarbeitung sowie die Goldschmiedekunst vertreten.

Älteste Stadtansicht von Mainz in Johann Stöffler: Der römische Kalender, gedruckt 1518 von Jakob Köbel in Oppenheim (seitenverkehrte Wiedergabe). Im Vordergrund das Fischtor, dahinter der Dom St. Martin und die Anfänge des Jakobsberges mit Resten der alten Stadtmauer

Ein sicheres Geburtsdatum Gutenbergs ist nicht überliefert. Da ihn ein Dokument aus dem Jahre 1420 bei einer Erbauseinandersetzung volljährig zeigt, wurden mit unterschiedlichen Argumenten die Jahre zwischen 1393 und 1404 als Geburtszeitraum errechnet. Mit internationaler Zustimmung wurde 1900 die Jahrhundertwende als symbolisches Geburtsjahr akzeptiert. Zu Gutenbergs Zeit war es nicht unüblich, den Patron des Geburtstages als Namensgeber zu nehmen, daher wird immer wieder der 24. Juni als Geburtstag genannt. Dafür spricht eine gewisse Wahrscheinlichkeit, auch wenn der Name Johannes (auch Johann oder in Mainz Henchen, Hengin oder Henne) so beliebt und weit verbreitet war, daß eine Namenstagsbindung nicht unbedingt anzunehmen ist. Sein Vater, Friedrich (mainzerisch: Friele) Gensfleisch zur Laden, etwa 1350 geboren und seit 1372 Mainzer Bürger, war seit 1386 in zweiter Ehe mit Else Wirich verheiratet. Als Mainzer Patrizier war er – vermutlich im Tuchgeschäft – kaufmännisch tätig, er gehörte der Münzerhausgenossenschaft an und war zeitweise Rechenmeister der Stadt. Den Beinamen «zum Gutenberg» führte der Vater nicht, dieser Namenszusatz wurde von den Familienmitgliedern erst seit den zwanziger Jahren des 15. Jahrhunderts verwendet. Seit dem frühen 14. Jahrhundert gehörte der Familie der Hof zum Gutenberg, der an der Ecke der Schustergasse und der Christophstraße lag, heute aber nicht mehr existiert. Das gotische Gebäude mit zwei Stockwerken bot Platz für mehrere Familien und mit ziemlicher Wahrscheinlichkeit auch für die Setzer- und Druckerwerkstatt.

Über die Jugendjahre Gutenbergs wissen wir nichts; zumeist werden im Hinblick auf seine guten Lateinkenntnisse und sein technisches wie kaufmännisches Geschick eine standesgemäße Ausbildung in einer Klosterschule und ein Universitätsstudium angenommen. Er könnte das Stift St. Viktor im Süden der Stadt, nahe Weisenau, besucht und dort Latein und die Anfangsgründe der Wissenschaft gelernt haben. Da er noch im hohen Alter nachweislich der St.-Viktor-Bruderschaft angehörte, könnte man darin einen Hinweis auf seinen Schulbesuch sehen. Schon sehr jung mußte Henchen Gutenberg wohl mit seinem Vater und den Geschwistern Mainz verlassen, da sich im August 1411 wieder einmal die Auseinandersetzung zwischen den Patriziern und den Zünften zuspitzte; sie führte zu einem Auszug von 117 Patriziern aus Mainz, die auf diese Weise ihre Privilegien der Steuer- und Zollfreiheit sichern wollten. Mit großer Wahrscheinlichkeit zog man kurzfristig nach Eltville, wo man aus mütterlichem Erbe ein Haus an der Ringmauer (in der Burghofstraße) besaß. Bereits 1413 mußte der Vater erneut nach Hungerkrawallen für kurze Zeit Mainz verlassen und wird wiederum von den Familienangehörigen begleitet worden sein. Eine gute Schulausbildung war aber auch in Eltville gewährleistet, Grammatik und Rhe-

Das Wappen Gutenbergs

torik nach dem Lehrbuch des Aelius Donatus und die Lektüre lateinischer Schriftsteller wurden in der «Gemeinschul» der Peterskirche gelehrt.

Aus den ersten drei Lebensjahrzehnten von Johannes Gutenberg haben sich nur drei Dokumente erhalten. Im Sommersemester 1418 und im Wintersemester 1418/19 wurde ein «Johannes de Alta villa» an der zur Erzdiözese Mainz gehörenden Universität Erfurt immatrikuliert.[5] Es war üblich, seinem Vornamen den Herkunftsort beizufügen, und da einige Vorfahren und nahe Verwandte Besitz in Eltville hatten und die Main-

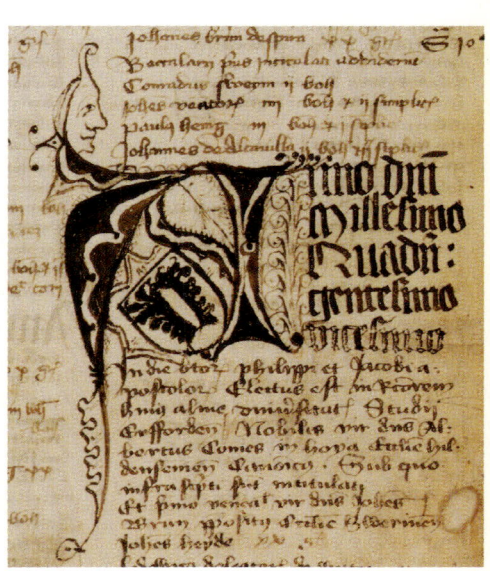

Ausschnitt aus der Matrikel der Universität Erfurt vom Wintersemester 1418/19 mit dem Eintrag «Johannes de Alta villa». Der Namenszug befindet sich in der Zeile über dem Initial.

zer Familie Gensfleisch durch die Auseinandersetzung mit den Zünften mehrfach Mainz verlassen mußte, ist eine solche Namensbezeichnung durchaus denkbar. Übrigens finden wir in diesem Matrikelbuch weitere Weggefährten Gutenbergs, 1421 wurde Konrad Humery immatrikuliert, ein späterer Mainzer Geschäftspartner Gutenbergs; 1444 und 1448 finden wir dort «Petrus Ginsheym»: Gutenbergs Geselle und Nachfolger Peter Schöffer aus Gernsheim. «Johannes de Alta villa» ist im Wintersemester 1419/20 in Erfurt zum Baccalaureus promoviert worden. Im Lehrplan der sogenannten Artisten-Fakultät, an der die sieben freien Künste (artes liberales), nämlich Grammatik, Rhetorik, Dialektik, Astronomie, Mathematik, Arithmetik und Musik gelehrt wurden, war dieses erste Examen nach drei Semestern möglich. Es führte in die lateinische Grammatik und Sprache, in die griechische und lateinische Philosophie und – modern gesprochen – Naturwissenschaften ein.

Im Herbst 1419 starb Gutenbergs Vater Friele Gensfleisch zur Laden.[6] In der Folge finden wir die erste sichere Erwähnung von Henchen Gutenberg, der gemeinsam mit seinem Bruder Friele und seinem Schwager Clas Vitzthumb mit seiner Stiefschwester aus der ersten Ehe des Vaters, Patze Blashoff, um das väterliche Erbe streitet. Da Johannes Gutenberg in eigener Vollmacht auftritt, wird er um 1420 volljährig gewesen sein.

Wir wissen nicht, wo sich Gutenberg in den zwanziger Jahren aufgehalten hat, was er studiert oder gelernt hat. Nur einmal, 1427 oder 1428, wird er gemeinsam mit seinem Bruder Friele bei der Übertragung einer Leibrente dokumentarisch erfaßt.[7] Am 16. Januar 1430 schloß seine Mutter, Else Wirich zu Gutenberg, mit der Stadt Mainz ein Abkommen[8] über eine ihrem Sohn Johannes zustehende Leibrente von 13 Gulden. Da seine Mutter diese Geldangelegenheiten für ihn regelte, wird er sich kaum in der Stadt aufgehalten haben.

Einer «Rachtung», einem Sühnevertrag des Mainzer Erzbischofs Konrad III. zwischen den Geschlechtern und Zünften in Mainz aus dem Jahre 1430, entnehmen wir[9], daß dem 1428 aus der Stadt vertriebenen Johannes Gutenberg jetzt die Rückkehr ohne jede Auflagen gestattet wurde. Diese Urkunde war unter Mitwirkung der Städte Worms, Speyer und Frankfurt zustande gekommen und gewährte dem Mainzer Patriziat wiederum zahlreiche Rechte, u. a. Münzrechte und Zugang zu Ratsstellen und öffentlichen Ämtern. Verschiedene Ausgewanderte, die ohne Auflagen zurückkommen durften, werden namentlich erwähnt – darunter «Henchin zu Gudenberg».

Kaufmann und Erfinder

Gutenberg hat aber offensichtlich zu diesem Zeitpunkt keinerlei Rückkehrabsichten gehegt, sondern sich in der weltoffeneren, in Handwerk und Handel am Oberrhein führenden Stadt Straßburg aufgehalten. Mit 25 000 Einwohnern gehörte Straßburg zu den größeren Städten Mitteleuropas, besaß eine der bedeutendsten Dombauhütten, die in den dreißiger Jahren den ersten der zwei geplanten gotischen Münstertürme vollendete, war sowohl im Glockenguß wie in der Papierherstellung führend und trieb regen Handel mit Südfrankreich und Oberitalien, ebenso mit Augsburg, Nürnberg und Prag. Auf den 14. März 1434 ist die erste Urkunde über Gutenbergs belegbaren Aufenthalt in Straßburg datiert: Da sich die Stadt Mainz offensichtlich weigerte, eine ihm zustehende Rentenzahlung in Höhe von 310 Gulden zu entrichten, ließ er den durchreisenden Mainzer Stadtschreiber Nikolaus Wörstadt in Schuldhaft nehmen. Nikolaus mußte schwören, die fällige Summe Gutenbergs Vetter Gelthus in Oppenheim auszuzahlen.

Danach sprach er ihn – diplomatisch geschickt – persönlich von allen Verpflichtungen frei und handelte damit im Einvernehmen mit dem Rat der Stadt Straßburg. Die Stadtrechnungsbücher in Mainz belegen, daß die Stadt ab 1436 diese Zahlungen, auch die rückständigen Zinszahlungen, leistete.[10] Gutenberg wohnte vor den Toren der Stadt Straßburg in der nach dem Benediktinerkloster St. Arbogast benannten Vorstadt; ein Bürgerrecht erlangte er offensichtlich nicht, doch wird er in den Dokumenten mehrfach als begütert und angesehen bezeichnet. Nur eine indirekte Notiz, keinerlei aussagekräftigen Dokumente, besitzen wir über eine Klage der Straßburger Patrizierin Ennelin zu der Iserin Thüre gegen ihn, bei der es sich möglicherweise um den Bruch eines Heiratsversprechens handeln könnte («ut videtur matrimoniae causa»)[11]. Dieser höchst knappe Hinweis berechtigt weder zu

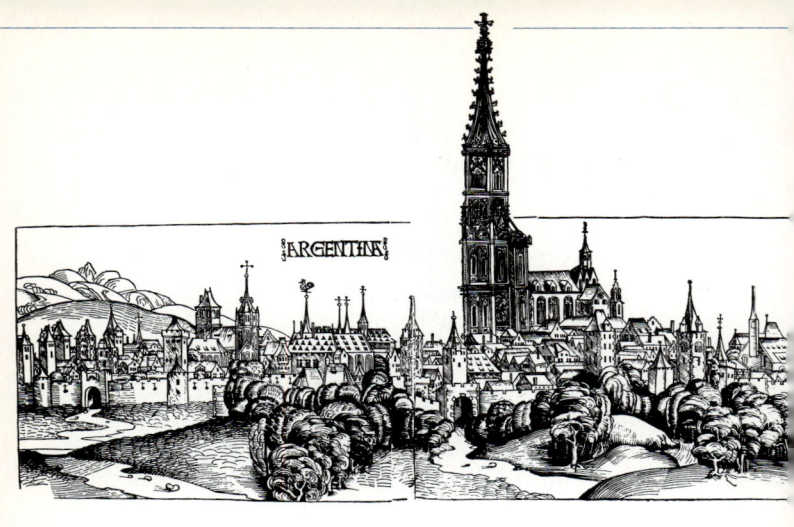

Straßburg. Holzschnitt aus der «Weltchronik» des Hartmann Schedel, 1493 von Anton Koberger in Nürnberg gedruckt

Spekulationen über seinen Charakter noch über seinen Familienstand in den nächsten Jahrzehnten. Dennoch hat gerade diese Notiz immer wieder Anlaß zu märchenhaften Auslegungen und zu romantischen Szenen geboten.

Im Unterschied dazu geben uns Gerichtsakten[12] aus dem Jahre 1439 detailliert Auskunft über seine Tätigkeit in Straßburg. Sie zeigen ihn als einen unternehmenden Kaufmann, als einen einfallsreichen Erfinder und einen handwerklichen Meister. Demnach hatte sich der Straßburger Bürger Andreas Dritzehn an Gutenberg gewandt, um von ihm «etlich kunst» zu erlernen. Seit 1437 hatte er ihm dann «das Polieren von Edelsteinen» beigebracht, das heißt eine Lehre im Münz- oder Goldschmiedehandwerk erteilt. Wie in den Folgejahren immer wieder, gründete Gutenberg mit Teilhabern eine Finanzierungsgesellschaft, um ein neues technisches Verfahren vorfinanzieren zu können. Als Andreas Dritzehn 1439 starb, klagten seine Brüder auf Herausgabe des eingezahlten Kapitals oder ersatzweise um Aufnahme in die Gesellschaft. Die Prozeßakten mit einer Fülle von einzelnen Zeugenaussagen und dem Urteilsspruch des Großen Rates der Stadt Straßburg haben sich in einer Abschrift erhalten.

Seit 1438 hatte Gutenberg darüber hinaus eine vertragliche Vereinbarung mit dem Vogt Hans Riffe von Lichtenau zur Produktion von Wallfahrtsandenken für die nächste Heiltumsfahrt nach Aachen. Sie wollten Wallfahrtsspiegel als Andenken verkaufen, die in der Volksfrömmigkeit weit verbreitet waren, da man mit Hilfe dieser Spiegel etwas vom Segensschein der Reliquien einfangen und mit nach Hause zu bringen hoffte. Diese beliebten Spiegel wurden aus einer Blei-Zinn-Legierung gegossen und in hohen Stückzahlen hergestellt. Daß es sich um eine Bleilegierung handelte, geht aus dem Urteilsspruch des Rates vom 12. Dezember 1439 hervor, da das Geld von Andreas Dritzehn u. a. für Bleieinkauf verwandt wurde. Andreas Dritzehn hatte sich nämlich auf eigenen Wunsch an dem Konsortium beteiligt, dem auch Andreas Heilmann angehörte. Dessen Bruder, der Pfarrer Anton Heilmann, bestätigt als Zeuge detailliert, daß sich das Konsortium zusammengefunden hatte, um Wallfahrtsspiegel für die «Ochevart» («Aachenfahrt») herzustellen. Schwierigkeiten ergaben sich nur beim Absatz, weil die nächste, alle sieben Jahre stattfindende Heiltumsfahrt nicht wie angenommen 1439, sondern erst wieder 1440 durchgeführt wurde.

«Heiltumsfahrten»

«Heiltümer», der Reliquienschatz der Kirchen, wurden gerne öffentlich zur Schau gestellt. Aachen war seit dem 12. Jahrhundert ein bedeutender Wallfahrtsort geworden (1166 Heiligsprechung von Karl dem Großen). Die vier «großen Aachener Heiltümer», ein Mariengewand, die Windeln Christi, das Lendentuch des Gekreuzigten und das Enthauptungstuch Johannes' des Täufers, wurden ab 1250 öffentlich im Münster gezeigt. Nach verläßlichen Berichten kamen an den Tagen des «großen Ablasses» jeweils im Juli 15000 bis 20000 Pilger nach Aachen, aus Mitteleuropa, Polen, Ungarn und Slowenien. Im Jahre 1440, in dem Gutenbergs Konsortium die Pilgerspiegel verkaufte, weilte u. a. auch Herzog Philipp der Gute von Burgund mit seinem Gefolge in Aachen. Da die massenhafte Herstellung von Pilgerzeichen oft die örtlichen Zünfte überforderte, war hier der Vertrieb von Devotionalien jedem freigestellt. Sie mußten allerdings in Aachen selbst im Direktverkauf angeboten werden.

Die Beteiligten hatten aber noch einen zweiten Vertrag abgeschlossen, der Gutenberg, Andreas Dritzehn, Andreas Heilmann und Hans Riffe «zu einer Gesellschaft und Gemeinschaft» zusammenführte. Gutenberg sollte sie über das Spiegelmachen hinaus in «alle sin künste vnd afentur, so er fürbasser oder in ander Wege mehr erkunde und wußte» einführen. Bereits der Kontext dieser Zeugenaussagen, mehr aber noch ein Blick in die zeitgenössischen Urkunden zeigt, daß es sich bei der mehrfach auftretenden Wendung «künste vnd afentur» nicht um schillernde Abenteuer handelt, sondern um Fachbegriffe für geschicktes handwerkliches Können und wagemutige kaufmännische Unternehmen. Die Begriffe sind durch zeitgenössische parallele Quellen eindeutig fachgebunden festgelegt für Handwerk und Handel, sie sollten nicht – wie bis in unsere Tage – immer wieder dazu verwendet werden, die Erfindungsgeschichte Gutenbergs mit der Aura des Geheimnisvollen zu umgeben. Auch die Verpflichtung der Gesellschafter, die Erfindungen zunächst nicht öffentlich bekanntzumachen, ist nichts anderes als kaufmännisches Kalkül. Entscheidende Stichworte aus den Prozeßakten sind die Hinweise auf eine hölzerne Presse, die ein Drechsler namens Conrad Saspach für die Gesellschaft anfertigte, der Einkauf von Blei, die Bereitstellung von «Formen», die «eingeschmolzen» wurden, und die Aussage des Goldschmiedes Hans Dünne, der über 100 Gulden erhielt, um alles anzufertigen, «daß zu dem trucken gehöret». Es ist durchaus denkbar, daß es sich bei den «Formen» um «literae formatae», das heißt um Einzelbuchstaben aus Metall handelte. Die Experimente mit einer Bleilegierung und die Beauftragung zur Herstellung einer hölzernen Presse lassen vermuten, daß dies erste Schritte zur Entwicklung des Buchdruckverfahrens waren. Einer der Gesellschafter, Andreas Heilmann, besaß zusammen mit seinem Bruder Nikolaus vor den Toren Straßburgs eine Papiermühle. Eine Papierpresse zur Buchdruckerpresse weiterzuentwickeln wäre ein logischer und nachvollziehbarer Schritt gewesen.

Eine andere Anregung könnte der in Straßburg praktizierte Glockenguß geboten haben: Mit Einzelgußformen wurden am

unteren Bord des Glockenkörpers Segenssprüche und Jahres-
zahlen angebracht. Die Glocken wurden aus Bronze mit rund
20 bis 25 Prozent Zinn hergestellt. Aber nicht nur bei der Be-
schriftung von Glocken, sondern ebenso in der Einbandkunst
wurden im frühen 15. Jahrhundert (nachweisbar in Straßburg
und Nürnberg) mit Einzelstempeln Buchstaben auf Einbänden
angebracht. Und 1444 hörte man aus Avignon die Kunde, daß
dort der Prager Silberschmied Prokop Waldvogel eine «ars
scribendi artificialiter», eine «künstliche» oder «kunstfertige
Form des Schreibens» erfunden habe, was sich mit einiger
Wahrscheinlichkeit auf den Satz mit einzelnen Prägestempeln
bezieht (wovon sich allerdings kein Produkt erhalten hat). Von
den technischen Erfahrungen der Nachbarkünste konnte Gutenberg in Straßburg offensichtlich profitieren; die Art seiner
geschäftlichen Verbindungen zeigt, daß er neben seiner Er-
findungsgabe auch ein ausgezeichnetes kaufmännisches Geschick besaß und es ihm immer wieder gelang, Finanziers für
seine kostspieligen Entwicklungen zu begeistern.

Seine Straßburger Geschäftspartner nahmen im Stadt-
regiment hohe und höchste Stellungen ein oder waren an-
gesehene Kaufleute und Handwerksmeister. Der als Zeuge
auftretende Hans Friedel von Seckingen, der für die Finanzierung zuständig war[13], hatte in mindestens zwei Fällen Kredite
in erheblichem Umfang gewährt. Der Familie Seckingen gehörte das bedeutendste Wirtschaftsunternehmen Straßburgs
in der ersten Hälfte des 15. Jahrhunderts. Bereits um 1400
waren sie im Metallgeschäft tätig, unterstützten eine neue
Metallscheidekunst und handelten als Großhändler mit Band-
messing. Daneben betrieben sie Groß- und Fernhandel, finanzielle Transaktionen mit Venedig, Mailand und Basel, mit
Nürnberg und Frankfurt. Sie beteiligten sich ebenso an einer
deutsch-lombardischen Handelsgesellschaft wie an dem zentralen Straßburger «Kaufhaus» an der Ill, an einem wichtigen
Kreuzungspunkt europäischer Handelswege. Seckingen inter-
essierte sich stets für innovative technische Entwicklungen,
zum Beispiel im Jahre 1440 für die Errichtung einer der ersten
Windmühlen in Oberdeutschland.

In dieser Zeit hat Gutenberg ganz offensichtlich ein rationelles Verfahren für die Massenproduktion von Pilgerspiegeln entwickelt und dabei sowohl mit Blei-Zinn-Legierungen als auch mit einem Modellguß experimentiert. Daneben erfahren wir von weiteren Projekten, über die die Quellen aber keine präziseren Auskünfte geben. Seine wirtschaftliche Karriere scheint günstig verlaufen zu sein, denn 1441 wird Johannes Gutenberg als Bürge über 100 Goldpfund vom Straßburger Thomasstift akzeptiert. Im Jahr darauf borgt ihm das Thomasstift selbst 80 Goldpfund, und der bekannte Straßburger Tuchhändler Martin Prechter tritt nun seinerseits als Bürge auf. Die Zinsen zahlt er nach Ausweis der Rechnungsbücher von 1444 an jährlich bis 1457. Aus der Zeit des Armagnaken-Krieges 1443/44 stammt eine Steuerliste, in der Gutenbergs Vermögen mit über 400 Pfund taxiert wurde, und so mußte er für die hälftigen Unterhaltskosten eines Pferdes im Kriegseinsatz aufkommen. Am 20. Januar 1444 wird er im gleichen Zusammenhang als einer der waffenfähigen Bewohner der Stadt aufgelistet und als «Zugeselle» (das heißt nicht als ordentliches Mitglied) der Goldschmiedezunft bezeichnet.

Im Jahre 1444 verläßt der Drechsler Conrad Saspach, der 1436 Gutenberg eine Presse angefertigt hatte, die Stadt Straßburg. Für die Zeit von 1444 bis 1448 besitzen wir auch keine Quellen, die den Aufenthalt Gutenbergs belegen könnten. Erst am 17. Oktober 1448 läßt er sich wieder in Mainz nachweisen. An diesem Tag nimmt er eine Anleihe von 150 Gulden bei seinem Vetter Arnold Gelthus auf, mit einer Verzinsung von 5 Prozent. Gutenberg verpflichtete sich, jährlich 7½ Gulden Zinsen zu bezahlen und späterhin die ganze Summe abzulösen. Offensichtlich benötigte Gutenberg in Mainz – wie zuvor in Straßburg – kapitalkräftige Partner, die für seine Experimente, für die Entwicklungskosten von neuem technischem Gerät und für die damit verbundenen Personalkosten aufzukommen bereit waren. Daß hierfür aber noch erheblich größere Summen notwendig wurden, zeigt seine Geschäftspartnerschaft mit Johannes Fust, der ihm 1449 800 Gulden zu 6 Prozent lieh und 1453 noch einmal 800 Gulden nachschoß,

Johannes Fust,
um 1400 bis 1466

um ein gemeinsames «Werk der Bücher» zu finanzieren. Für
500 Gulden konnte in Mainz um 1450 ein ordentliches Bürger-
haus gekauft werden; die Investitionskosten Gutenbergs erreichten – modern gesprochen – die Millionengrenze.

Um 1450 waren die Vorarbeiten so weit gediehen, daß er
an den Satz und Druck von Einblattdrucken und auch größeren Werken gehen konnte.

Die neue Kunst

Gutenbergs Erfindung ist ebenso einfach wie genial: Die Texte werden in ihre kleinsten Bestandteile aufgelöst, das heißt in die 26 Buchstaben des lateinischen Alphabets. Durch die Neuordnung der Einzellettern entsteht ein jeweils neuer, sinnvoller Text. Waren jahrhundertelang Texte vervielfältigt worden, indem sie vollständig und fortlaufend abgeschrieben oder ebenso vollständig in Holz geschnitten wurden (bei Einblattdrucken und den Blockbüchern), so mußten jetzt nur die Buchstaben des Alphabets geschnitten und gegossen werden und standen dann für beliebige Texte immer wieder neu zur Verfügung. Im Kern war auch der zweite Gedanke ebenso einfach wie technisch revolutionär: Statt wie in Ostasien seit 700 Jahren die Farbe durch Abreiben der Papiere aufzutragen, nutzte Gutenberg die physikalischen Gesetze der Spindelpresse, um mit einem hohen, vor allen Dingen aber auch gleichmäßigen Druck die Farbe vom eingefärbten Typenmaterial auf die angefeuchteten Papiere zu übertragen.

Sehr viele Schritte waren notwendig, um das scheinbar so einfache und einleuchtende Verfahren zu entwickeln. Einzelstempel von Buchstaben, von einem Goldschmied kunstvoll graviert, hatte es schon länger gegeben; Gußverfahren kannte man sowohl aus dem Glockenguß wie aus der Münzherstellung. Es galt nun, die Idee mit den Einzelbuchstaben, die Guß-

Erfindungen Gutenbergs

Einzelbuchstaben als Grundkonzept: Patrize – Matrize
Blei-, Zinn-, Antimon-Legierung
Instrument für den Guß der Typen
Setzkasten
Winkelhaken und Form zum Ausschließen der Seiten
Drucktinte (Lampenruß und Firnis)
Druckerballen zum Auftragen der Druckfarbe
Druckpresse mit schiebbarem Karren, Punkturen zum seitengleichen Anlegen der Bogen, Rähmchen zum Schutz der nichtdruckenden Flächen, Deckel, Tiegel und Preßbengel
Finanzierungskonzept
Vertriebssystem

technik und die Presse zu erproben. Im Mittelpunkt der guten-bergischen Entdeckungen steht die Entwicklung eines Guß-instrumentes, das es ermöglicht, die Gußform genau zu justie-ren und jeder Type eine exakt gleiche äußere Form zu geben. Das Originalinstrument des 15. Jahrhunderts hat sich nicht erhalten; das heute in vielen Lehrbüchern gezeigte so-genannte Handgießinstru-ment ist erst Jahrhunderte später in genau dieser Form überliefert, doch bieten alle erhaltenen Typen und die Qualität der Abdrucke ein-deutige Hinweise, daß ein vergleichbares Handgießin-strument zu den Grund-erfindungen gehört haben muß.

Handgießinstrument
(Rekonstruktion)

Zunächst wurde auf der Spitze eines Stahlstabs eine Letter eingraviert. Der Ein-zelbuchstabe erschien dort erhaben und seitenverkehrt (sogenannte Patrize); der Stab wurde dann mit einem Hammer in weicheres Kupfer eingeschlagen, und es entstand ein seitenrichtiger, vertiefter Abdruck des Buchstabens (die Matrize). Dies war nun die Gußform, die in ein Gießinstrument einjustiert werden mußte. Das Gußmaterial wurde eingefüllt, und es entstand eine Bleiletter mit einem erhabenen, wiederum spiegelverkehrten Buchstaben. Da die Gußmatrize immer wieder verwendet werden konnte, erhielt man eine theoretisch unbegrenzte Anzahl völlig gleichmäßiger und gleichförmiger Typen. Die genaue Zusammensetzung der Legierung kennen wir nicht, wir können sie aber aus späteren Funden rekonstru-ieren, darunter aus einem nicht unwesentlichen aus der Main-zer Altstadt.[14] Wir ersehen daraus, daß das Material für die

Älteste Darstellung einer Druckwerkstatt. Holzschnitt in einem 1499 in Lyon von Matthias Huß gedruckten «Totentanz»

Lettern im 15./16. Jahrhundert etwa zu 83 Prozent aus Blei, 9 Prozent aus Zinn, 6 Prozent aus Antimon und je 1 Prozent aus Kupfer und Eisen bestand. Beim Mainzer Fund aus der Mitte des 17. Jahrhunderts lag der Bleigehalt mit 73 Prozent deutlich niedriger, Antimon und Zinn waren mit zusammen 25 Prozent beteiligt. Diese Zusammensetzung hatte den Vorteil, daß sie sehr schnell erkaltete und somit auch eine rasche Produktion ermöglichte.

Die Type mußte nun auf eine identische Länge mit anderen gebracht werden, damit sie beim Satz nicht höher herausstand als die Nachbartypen. Die einzelnen Buchstaben wurden in Setzkästen abgelegt, wobei das Prinzip der Praktikabilität vorherrschte, das heißt, die am häufigsten gebrauchten Lettern lagen in der Mitte, genau vor dem Setzer. Die Einzellettern wurden zunächst in einem Winkelhaken zusammengetragen, in dem die einzelne Zeile ausgeschlossen werden konnte. Dazu verwendete man «Blindmaterial», das die Abstände zwischen den Typen ausglich. Der Winkelhaken war zuerst aus Holz, später aus Metall. Die einzelnen Zeilen wurden dann in einem Setzschiff, wohl einem stabilen Holzbrett, zu einer Spalte (Kolumne) oder zu einer Seite zusammengefügt. Die ganze Seite wurde dann in einer Form ausgeschossen, das heißt der genaue Satzspiegel justiert und wenn notwendig der Durchschuß, das heißt der Abstand zwischen den einzelnen Zeilen, durch weiteres Blindmaterial reguliert. Der Satz wurde dann mit einem halbkugelförmigen Lederballen eingefärbt und in die Presse gelegt. Das zu bedruckende Papier wurde angefeuchtet, um die Farbe besser anzunehmen, und dann in dem klappbaren Preßdeckel mit mehreren Nadeln («Punkturen») fixiert. Ein Rahmen wurde darüber geklappt, der in der Größe des Satzspiegels eine Aussparung hatte, damit die Blattränder beim Drucken nicht beschmutzt wurden. Der Wagen mit dem Satz und dem Deckel mit dem Papier wurde dann unter die Druckplatte, den Tiegel, geschoben, und der Tiegel mit einem kräftigen Ruck auf das Papier gedrückt. Diesem soge-

Der Buchdrucker.

Ich bin geschicket mit der preß
So ich aufftrag den Firniß reß/
So bald mein dienr den bengel zuckt/
So ist ein bogn papprs gedruckt.
Da durch kombt manche Kunst an tag/
Die man leichtlich bekommen mag.
Vor zeiten hat man die bücher gschribn/
Zu Meintz die Kunst ward erstlich triebn.

Der Buchdrucker.
Aus dem «Ständebuch»
von Jost Amman.
Frankfurt a. M. 1568

nannten Schöndruck folgt dann der Widerdruck der Rückseite, wobei es die Punkturen ermöglichen, das Blatt exakt einzupassen, damit der Satzspiegel auf beiden Seiten korrekt übereinandersteht. Bedruckt wurden Bogen unterschiedlicher

(d. h. nicht normierter) Größe, zunächst immer nur eine Seite, später wurden Formen mit zwei, vier oder acht Seiten gleichzeitig gedruckt, dann die Rückseite bedruckt und gefalzt. Die acht oder sechzehn Seiten wurden so angeordnet, daß sie nach dem Falzen in der richtigen Reihenfolge lagen.

Bei den ersten Drucken wurde nur der Schwarzdruck in der Presse erstellt, alle Auszeichnungen, wie etwa prächtige Initialen, farbige Kolumnentitel, Illustrationen, aber auch Rubrizierungen (Rotzeichnungen) im Satz wurden erst später von Hand nachgetragen. Viele frühe Drucke erinnern daher unmittelbar an Handschriften, da sie immer noch manuell ausgestaltet wurden. Keine der erhaltenen neunundvierzig Gutenberg-Bibeln sieht daher wie die andere aus, jede ist anders rubriziert und illuminiert. Holzschnitte wurden zunächst nicht gleichzeitig mit den gesetzten Typen gedruckt, da es anfänglich große Schwierigkeiten machte, den Anpreßdruck so zu ermitteln, daß das metallene Typenmaterial und das Holz des Holzschnittes gemeinsam gedruckt werden konnten. Daher wurden zum Beispiel bei Ulrich Boners Fabelsammlung «Der Edelstein» von Albrecht Pfister 1461 in Bamberg (vgl. Abb. S. 68/69) die Illustrationen und der Satz in zwei Arbeitsgängen gedruckt, was wiederum erhebliche Anforderungen an die Exaktheit des Druckens stellte.

Wäre es auch theoretisch möglich gewesen, mit zweimal 26 Buchstaben, Groß- und Kleinbuchstaben, auszukommen, so ging es Gutenberg aber offensichtlich darum, die Merkmale guter Handschriften möglichst getreu auf den Druck zu übertragen: Er übernahm die Anordnung in zwei Spalten und bemühte sich um sehr gleichmäßigen Randausgleich, den

Fachbegriffe

Inkunabeln (*lateinisch*, die Windel, die Wiege) Fachbegriff für die Drucke bis 1500
Kolophon (*griechisch*, der Ziel- oder Endpunkt) die Angaben zum Schreiber/Drucker, Ort und Zeit am Ende der Handschrift/des Druckes
Rubrizieren (*lateinisch*, Rot-Malen) Hervorhebungen in Handschrift und Druck zur Kennzeichnung von Satzanfängen usw.
Imprimatur (*lateinisch*, es darf gedruckt werden), (meist) kirchliche Druckerlaubnis
Initiale (*lateinisch*) der besonders verzierte Anfangsbuchstabe eines Kapitels

Rekonstruierte Druckerpresse
der Gutenberg-Zeit

Blocksatz. Aus diesem Grunde schnitt und goß er insgesamt
290 unterschiedliche Schriftzeichen: 47 Großbuchstaben,
63 Kleinbuchstaben, 92 Lettern mit Abkürzungszeichen (Abbreviaturen), 83 Buchstabenkombinationen (Ligaturen) und

fünf Kommata. Die Ligaturen, zum Beispiel ff, fl, ll, st, konnten sehr viel Platz einsparen, da sie jeweils auf einen Schriftkegel gegossen wurden. Ebenfalls sehr platzsparend sind die aus den lateinischen Handschriften überkommenen Abkürzungen, die für Vorsilben (pro, prae, per u. a.), Kasusendungen im Lateinischen (-um, -am, -as) oder bei Buchstabendoppelungen (mm, nn) verwendet wurden. Zusammen mit den unterschiedlichen Kleinbuchstaben konnte daher ein geschickter Setzer eine sehr gut ausgeschlossene Zeile setzen. Gleichzeitig wird deutlich, welche hohen Anforderungen an die lateinischen Sprachkenntnisse der Setzer gestellt wurden. Um den Satz der Gutenberg-Bibel von mehreren Setzern gleichzeitig zu gewährleisten, mußten etwa 100 000 Typen gegossen werden. Dadurch war es möglich, die Handschrift in allen Einzelheiten nachzuahmen und sie an Exaktheit zu übertreffen. Da die verwendeten Abkürzungen nur im Lateinischen Sinn geben, wird deutlich, daß die Type der B 42 zunächst für lateinische Texte entwickelt wurde.

Die Buchdruckerpresse wurde aus Holz konstruiert (bereits in Straßburg hatte sich Gutenberg von einem Drechsler eine hölzerne Presse bauen lassen); sie war eine Weiterentwicklung der Spindelpresse, wie u. a. sie bei der Papierherstellung verwendet wurde.

Zu den eigenständigen Entwicklungen Gutenbergs gehört auch die Druckerschwärze, die er aus organischen Stoffen wie Lacken, Ölen und Harzen mischte und der er Lampenruß, Pech und Firnis oder ähnliche Kohlenstoffverbindungen als Farbträger beigab.[15] In der Druckerschwärze sind Spurenelemente von Metallen, vor allem von Blei und Kupfer, aber auch von Titan, Eisen, Nickel oder Zink enthalten. Durch eine Röntgenfluoreszenzanalyse können die Anteile dieser Elemente bestimmt und dadurch unfirmierte Drucke zeitlich eingeordnet und bestimmten Offizinen zugeschrieben werden. Diese neue Untersuchungsmethode könnte bei der Klärung vieler offener Fragen der Frühdruckforschung (Wer druckte die B 36?) entscheidende Hilfestellung bieten.[16]

Das «Werk der Bücher»: die B 42

Die frühen Drucke, die wir Gutenberg mit hoher Wahrschein-
lichkeit selbst zusprechen können, lassen sich in zwei Haupt-
gruppen einteilen: in die Kleindrucke (wie die Ablaßbriefe,
Kalender und Wörterbücher) und das Meisterwerk mit 1282
Druckseiten, die lateinische Bibel. Gutenberg wählte dazu die
«Vulgata» des heiligen Hieronymus aus dem 4. Jahrhundert,
die entscheidende Textgrundlage für jede theologische Arbeit
und für die religiöse Unterweisung im gesamten Mittelalter.
Mit hoher Wahrscheinlichkeit hatte sich Gutenberg eine in
Mainz vorhandene handschriftliche Bibel zur Vorlage genommen und sie nachgesetzt. Die genaue Vorlage ist nicht aufge-
funden worden, sie ist vermutlich bei der Setzarbeit regelrecht
verbraucht worden. Nach dem Druck wurden Handschriften
als nicht mehr wertvoll genug angesehen, um weiter aufbewahrt zu werden. In der Library of Congress in Washington
befindet sich eine handschriftliche Bibel, die um das Jahr 1450
in Mainz geschrieben wurde und Gutenbergs Vorlage formal
sehr nahe kommt.[17]

Johannes Gutenberg imitierte die Handschrift in allen
Aspekten; so übernahm er nicht nur die Kolumnenaufteilung,
den Blocksatz, den er im Druck noch verbessern konnte, und
die Anordnung der Kolumnen auf der Seite, die ein ideales
Modul ergaben, sondern auch die Missal-Type, eine Textura.
Sie ergab ein sehr geschlossenes Satzbild, da die einzelnen
Buchstaben die Senkrechte betonen und optisch wie ein Gitter
wirken, so daß die fertige Seite wie ein Gewebe (lateinisch
«textura») erscheint.

In der «Kölnischen Chronik» von Johann Koelhoff aus
dem Jahr 1499 wird über Gutenbergs Bibel berichtet: «In den
Jahren unseres Herrn, da man schrieb MCCCCL, war ein golde-
nes Jahr: da begann man zu drucken, und das erste Buch, das

Bibelhandschrift aus Mainz, geschrieben um 1450,
heute in der Library of Congress in Washington

man druckte, die Bibel in Latein, ward gedruckt in einer gro-
ben Schrift, mit der man nun Meßbücher druckt.»[18]

Die Chronik hat damit den Beginn der Buchdruckerkunst
nicht nur in den weihevollen Zusammenhang eines Heiligen
Jahres, sondern auch in die Tradition liturgischer Texte gestellt. Die verwendeten Missal-Buchstaben waren in den Handschriften (und nachfolgend in den Drucken) verhältnismäßig
groß, damit sie beim Gottesdienst in den dunklen Kirchenräu-
men gut lesbar waren. Der umfangreiche Bibeltext benötigte
bei dieser verhältnismäßig großen Type ein Groß-Folio-Format
und 1282 bedruckte Seiten. Um das Papier so gut wie möglich
zu nutzen, experimentierte Gutenberg mit der Zahl der Zeilen pro Kolumne. In einem ersten Satzversuch begann er mit
40 Zeilen je Kolumne (Blatt 1 – 5 und Blatt 129 – 132), benutzte
auf Blatt 5 (verso) 41 Zeilen, um dann von Blatt 6 an durchge-
hend bei 42 Zeilen zu bleiben. Bei einem nachweisbaren Neu-
satz begann er sofort mit 42 Zeilen. Exemplare beider Satzvari-
anten lassen sich heute noch feststellen.[19]

Beim ersten Satz hat Gutenberg versucht, auch die Arbeit der
Rubrikatoren zu übernehmen, und druckte auf den Blättern 1,
4, 5 sowie 129 und 130 die Auszeichnungszeilen mit Typen-
satz in Rot. Danach hat er aber den Rot-Druck aufgegeben und
es auch bei den entsprechenden Blättern des zweiten Satzes
nicht noch einmal versucht. Da es offensichtlich wegen des
zweifachen Einfärbens und der Schwierigkeiten beim paß-
genauen Abdruck zu erheblichen Arbeitsverzögerungen kam
und das Arbeitsergebnis ästhetisch nicht befriedigte, überließ
er – wie in der Handschriftenära – die weitere Rubrizierung
dem Berufsstand der Rubrikatoren. Die Exemplare der B 42 in
Wien und München enthalten noch die vollständige «Tabula
rubricarum» mit den genauen Hinweisen, an welcher Stelle
die Auszeichnungen in Rot vorzunehmen sind.[20]

Im Papierexemplar der Bibliothèque Nationale in Paris findet sich auf dem jeweils letzten Blatt beider Bände der handschriftliche Vermerk, daß ein Heinrich Cremer, Kleriker am Kol-
legiatstift St. Stephan in Mainz, diese Exemplare am 15. bzw. am

Seite aus dem Göttinger Pergament-Exemplar
der Gutenberg-Bibel (B 42)

Buchschmuck aus der
Göttinger Gutenberg-Bibel

24. August 1456 rubriziert, illuminiert und eingebunden hat. Damit haben wir ein sicheres Datum, an dem die Bücher vollständig vorgelegen haben müssen.

Durch eine genaue Textanalyse und die Ermittlung von individuellen Abkürzungsgepflogenheiten konnte festgestellt werden, daß am Anfang vier und im weiteren Verlauf der Satzarbeiten sechs unterschiedliche Setzer mit der Herstellung des Textes beschäftigt waren.[21] Eine elektronenspektrographische Untersuchung der Tinten hat diese Zahlen bestätigt.[22] Der Guß von etwa 60000 benötigten Typen wird mindestens ein halbes Jahr in Anspruch genommen haben, die Satzarbeit selbst etwa zwei Jahre. Zur Herstellung waren neben den Setzern mindestens zwölf Drucker an sechs Pressen notwendig, daneben noch Hilfskräfte zum Einfärben, Bogenanlegen etc. Für den Druck der 1282 Seiten von 180 Exemplaren waren 230760 Arbeitsgänge an der Presse notwendig, was mindestens 330 Arbeitstage erforderte. Da wegen der hohen Zahl an mittelalterlichen Feiertagen nur etwa 200 Arbeitstage pro Jahr zur Verfügung standen und zu Beginn nur mit vier Pressen gedruckt wurde, zudem noch Anfangsschwierigkeiten einzurechnen sind, hat die reine Druckzeit sicherlich mehr als zwei Jahre betragen. In drei Jahren hatte bisher ein Schreiber eine einzige Vollbibel abgeschrieben, nun konnten in derselben Zeit 180 Exemplare hergestellt werden, etwa 40 auf Pergament und 140 auf Papier. Für das hauptsächlich aus Italien (wohl aus einer piemontesischen Mühle) eingeführte Papier mußten etwa 450 Rheinische Gulden bezahlt werden, für das Pergament, für das 3200 Häute benötigt wurden (ca. 40 Exemplare zu je 80 Häuten), 200 Gulden.

Diese hohen Kosten, die Entwicklungskosten nicht einmal eingerechnet, konnte Gutenberg auf keinen Fall allein aufbringen. Wie wir schon in Straßburg gesehen haben, suchte er auch gleich nach seiner Rückkehr 1448 in Mainz kapitalkräftige Partner für sein technisch innovatives und kaufmännisch mutiges Unternehmen. Er nahm sofort einen Kredit von 150 Gulden bei seinem Vetter Peter Gelthus auf und 1449 und 1452 ein zweifaches Darlehen bei Johann Fust (um 1400–1466).

Fust und Gutenberg

Das «Notariatsinstrument» des kaiserlichen Notars Ulrich Helmasperger[23] in der Göttinger Staats- und Universitätsbibliothek ist neben den Dritzehn-Akten in Straßburg das wichtigste Zeugnis für die Lebens- und Wirkungsgeschichte Gutenbergs. Es gibt zwar nicht die vollständigen Prozeßunterlagen wieder, aber die Beschwerde Fusts, die Gegendarstellung von Gutenberg und den Rechtsspruch ebenso wie eine eidesstattliche Erklärung von Fust. Wir sehen daraus, daß Fust zunächst 1449 Gutenberg Geld geliehen hat – mit einer schriftlichen Vereinbarung –, um ein schon begonnenes Unternehmen zu Ende zu führen. Damit wollte Gutenberg die notwendigen Werkzeuge («Gezuge») herstellen und gab sie Fust gleichzeitig zum Pfand. Dafür sollte Gutenberg, wie bei vergleichbaren Geldgeschäften, 6 Prozent Zinsen zahlen. Drei Jahre später stellte Fust erneut 800 Gulden zur Verfügung, nach Darstellung Gutenbergs jedoch nicht als Kredit, sondern als Geschäftseinlage. Fust habe ihm mündlich zugesichert, keine «Interessen» (Zinsen) dafür zu verlangen, auch sei diese Summe nicht vollständig ausbezahlt worden. Gutenberg wird dazu verurteilt, dasjenige, was nicht «zum gemeinsamen Nutzen» ausgegeben wurde, an Fust zurückzuerstatten. Wenn Fust nachweisen könne, daß er das Geld (wie allgemein üblich und durch kanonisches Recht so vorgeschrieben) selbst geliehen habe, müsse Gutenberg auch für die Zinsen und den Zinseszins aufkommen.

Nach dieser einzelnen Quelle hat also Gutenberg zu seinem eigenen Nutzen und in einem zweiten Schritt zum gemeinsamen Nutzen mit Fust zwei Vereinbarungen getroffen. Es wird detailliert festgehalten, daß Fust die Verpflichtung übernommen habe, die Auslagen für Pergament, Papier und Druckerschwärze zu zahlen, die Investition gelte dem gemeinsamen «Werk der Bücher». Das Vorgehen von Fust erweist sich

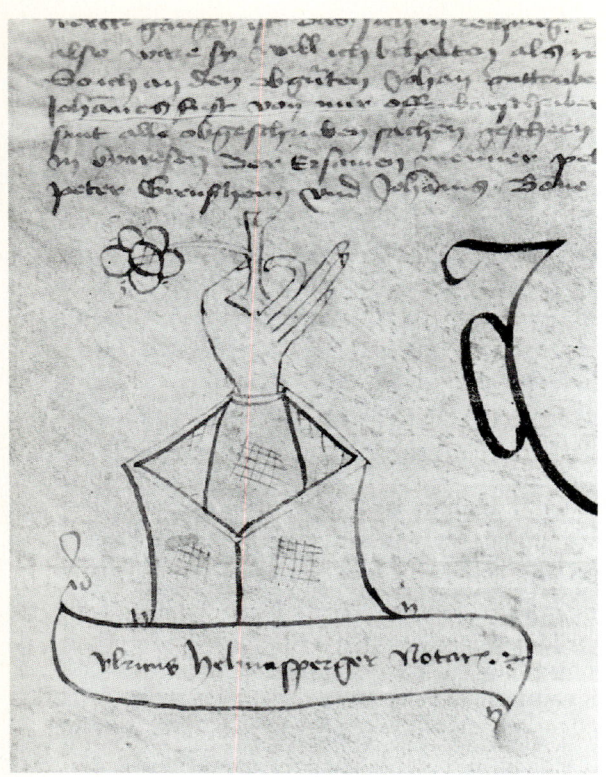

Das Helmaspergersche Notariatsinstrument,
1455 (Ausschnitt mit dem Notariatszeichen)

als formaljuristisch korrekt. Das Anrecht von Fust auf die ersten 800 Gulden war durch eine schriftliche Vereinbarung gedeckt, die zweiten 800 Gulden hätten allein zu dem gemeinsamen Vorhaben verwendet werden müssen. Dieses gemeinsame Projekt war zweifellos die 1454/55 fertiggestellte lateinische Bibel mit 42 Zeilen. Fust ließ einige der Exemplare, die er nach diesem Urteilsspruch übernommen hatte, noch in Mainz künstlerisch ausmalen und mit seinem Signet versehen (so das Exemplar in Burgos, Abb. S. 48). Gutenberg hatte ganz offensichtlich die durch den Verkauf einlaufenden Geldmittel sogleich wieder reinvestiert und nicht zur Zurückzahlung verwendet.

In seiner eigenen finanziellen Verantwortung hat Gutenberg die Arbeiten an der Donat-Kalendertype fortgesetzt, in der er möglicherweise seit 1452 einzelne Drucke in Mainz herstellte. Während sich nun Fust mit einem Teil der Auflage der B 42 und einem der Meistergesellen von Johannes Gutenberg, nämlich Peter Schöffer aus Gernsheim, selbständig machte und eine neue Schrift, die Psalter-Type, entwickelte, druckte Gutenberg mit der Donat-Kalendertype, einer Vorstufe der B 36, weiter und entwickelte höchstwahrscheinlich eine neue Gotico-Antiqua, in der um 1460 das «Catholicon» gedruckt wurde.

Die Trennung von Fust scheint Gutenbergs prosperierenden Unternehmungen einen finanziellen Dämpfer verpaßt zu haben, denn ab 1458 zahlte er die Zinsen beim St. Thomasstift in Straßburg nicht mehr. Die Summe wurde erst 1474, also nach seinem Tod, in den Rechnungsbüchern des Thomasstiftes als unbezahlt abgeschrieben.

Wir wissen, daß Gutenberg nur wenige Monate gefehlt haben, um seine Schulden bei seinem Geschäftspartner Fust begleichen zu können. Aus einem höchst wertvollen Briefdokument des Jahres 1455 von Enea Silvio Piccolomini, dem späteren Papst Pius II., damals noch Sekretär Kaiser Friedrichs III., erfahren wir nämlich, daß die Bibeln im Herbst 1454 bereits fertiggestellt waren und schon Käufer gefunden hatten. Piccolomini schrieb an den spanischen Kardinal Juan de Carvajal am 12. März 1455 aus Wiener Neustadt nach Rom und berichtet ihm über ein interessantes Erlebnis in Frankfurt (wohl auf dem Reichstag im Oktober 1454). Dort habe man einen «bewundernswerten Mann» («vir mirabilis») gesehen, der verschiedene Quinternionen (Lagen mit je fünf einmal gefalteten Bogen) der lateinischen Bibel in «höchst sauberer und korrekter Schrift ausgeführt» vorgelegt hätte, die mühelos und «ohne Brille» zu lesen gewesen wären. Einige Lagen seien sogar dem Kaiser zugesandt worden. Piccolomini hat in Erfahrung bringen können, daß vor Vollendung der Bände bereits alle

45

verkauft worden seien. Dieses wichtige Dokument berichtet von einer ersten Vorstellung der Bibeln und einem Verkaufsversuch in Frankfurt im Herbst 1454, und Piccolomini spricht auch davon, daß man ihm erzählt habe, es seien 158 oder 180 Exemplare gedruckt worden, die nun schon alle verkauft worden seien. Dies ließe eigentlich auf einen günstigen Geschäftsverlauf schließen, hätten wir nicht die Hinweise im Helmaspergerschen Notariatsinstrument. Wir können nur mutmaßen, daß wegen der üblichen Zahlungsbedingungen, nach denen das Geld erst ein halbes oder ein ganzes Jahr nach Übereignung fällig wurde, oder durch eine weitere Verzögerung bei den Schlußarbeiten Gutenberg im Herbst 1455 nicht in der Lage war, Fust auszubezahlen. Wie es offensichtlich seinem Geschäftsgebaren entsprach, hatte er wahrscheinlich die eingehenden Gelder auch bereits für neue Projekte wieder ausgegeben.

Bis heute sind 49 Exemplare der Bibel Gutenbergs bekannt, von denen einige offensichtlich auf Vermittlung von Fust und Schöffer ausgemalt wurden. Jedes dieser Exemplare ist ein Unikat, da sie jeweils individuell rubriziert und illuminiert wurden. Die Tätigkeit der Rubrikatoren bestand in erster Linie darin, durch feine rote Striche «nomina sacra» hervorzuheben oder einzelne Großbuchstaben zu betonen und durch die so erfolgte Kennzeichnung von Satzanfängen eine Leseerleichterung zu bieten. Die Illuminatoren versahen die gedruckten Texte dann mit Initialschmuck und gegebenenfalls mit weiterem Rankenwerk. Je nach der Bedeutung eines Abschnittes wurden für die Initialen Platz über zwei, drei, vier oder gar zehn Zeilen freigehalten. Daher wurde es möglich, daß sich die Käufer je nach persönlichem, zeittypischem oder regionalem Geschmack ihre Exemplare selbst ausgestalten lassen konnten. Wie bei der Buchmalerei des hohen und späten Mittelalters, so lassen sich auch in der noch dreißig bis vierzig Jahre anhaltenden Praxis des Ausmalens gedruckter Bücher Malerschulen mit regionalen und zeitgebundenen Eigentümlichkeiten ermitteln.

Die Bibel aus Burgos

Die erste Seite des zweiten Bandes des Exemplars aus Burgos (siehe Abb. S. 48) zeigt drei mit der Hand geschriebene Zeilen in Rot, eine große, vor die linke Kolumne gestellte Initiale «I» und in der rechten Kolumne die über sechs Zeilen gestellte Zierinitiale «P» für das Anfangswort «Parabolae» [Salomonis], die «Sprüche Salomons». Die bedeutendere Initiale «P» fügt sich mit ihren schmal auslaufenden Enden harmonisch in den Mittelsteg ein, während die zum Falz hin orientierte Initiale «I» die Anknüpfung für ein phantasiereiches Blattwerk bietet, das reich mit Goldplättchen verziert ist. Die nicht nach der Natur, sondern der Phantasie des Buchmalers geschaffenen floralen Elemente umfließen spielerisch beide Kolumnen. Die Farben sind, wie im gesamten Band, gut aufeinander abgestimmt; helle, lichte Farben, oft mit Weiß abgetönt, ergänzen sich trefflich. Helles Grün, Hellblau und unterschiedliche rote und beige Farben ergeben ein stimmiges Gesamtbild. Auffällig sind die beiden gekreuzten Knotenstöcke am unteren Bildrand in der Mitte, aus denen Blattranken herauswachsen. Diese merkwürdigen Aststücke finden wir noch in anderen Büchern wieder, u. a. im ersten Band einer fragmentarisch erhaltenen Gutenberg-Bibel, die sich heute in der Pierpont Morgan Library in New York befindet. Zwar sind die Blätter im New Yorker Exemplar anders gedreht und auch mit anderen Farben ausgemalt, jedoch ist die Hand desselben Malers unverkennbar, gerade auch wegen des Hauptmotivs der gekreuzten Aststücke. Dieselbe Hand finden wir auch bei einem Exemplar der 48zeiligen Bibel (1462) von Fust und Schöffer wieder, bei einer Cicero-Ausgabe von 1465, bei den «Constitutiones» Papst Clemens V. (1460), bei allen illuminierten Exemplaren des «Rationale divinorum officiorum» des Guillelmus Durandus (1459) und den «Dekretalen» Papst Bonifatius VIII. (1465). Da alle diese Werke in der Mainzer Offizin von Fust und Schöffer er-

Seite aus der 42zeiligen Bibel von Burgos,
in Johannes Fusts Auftrag ausgemalt

schienen und der latinisierte Nachname *fustis* auf deutsch «Knotenstock» bedeutet, ist früh die Vermutung aufgetaucht, daß dieses Aststück als Übersetzung des Namens Fust anzusehen ist. Ein entscheidender Beleg ist das im Buchdruck wiedergefundene Allianzsignet der Druckpartner Fust und Schöffer, die ihre Wappen an einem solchen Knotenstock aufhängen.

Kolophon des «Codex Justinianus», 1475, mit der Druckermarke, dem sog. Allianzsignet, von Fust und Schöffer

Das Göttinger Musterbuch

Die Illuminierung eines der höchst seltenen vollständigen Per-
gament-Exemplare, das sich heute in der Staats- und Universitätsbibliothek Göttingen befindet, führt zu einer anderen
Malerschule in Mainz und zeigt, daß sich dieser Illuminator
strikt an die Regeln eines Musterbuches hielt. Das Göttinger
Exemplar gehört zu den weltweit nur vier vollständigen Perga-
ment-Exemplaren, es ist auf allen 1282 Seiten gleichmäßig

rubriziert und von einem guten Buchmaler illuminiert worden. Die übrigen vollständigen Pergament-Drucke befinden
sich heute in der British Library in London (vermutlich aus der
Kartause in Mainz), der Library of Congress in Washington
(aus dem Benediktinerkloster St. Blasien im Schwarzwald) und
in der Bibliothèque Nationale in Paris (aus dem Benediktinerkloster St. Jakob in Mainz).

Das Göttinger Exemplar [24] enthält Kolumnentitel in roter
Missalschrift, Kapitelzahlen und Kapitelanfänge sind abwech-
selnd in Rot und Blau geschrieben. Alle Initialen wurden ausgeführt, zum Teil mit feinen Flechtzeichnungen ergänzt, die
großen Initialen sind reich mit Gold und Farben und sich

Zwei Vorlagen aus
dem Göttinger
Musterbuch für
Buchmaler, Perga-
menthandschrift
um 1450. Danach
wurde u. a. die heute
ebenfalls in Göttin-
gen liegende Bibel
ausgestaltet.

51

anschließendem Rankenwerk gemalt (vgl. Abb. S. 40/41). Der Bibelanfang sowie die Anfangsseiten der Bücher der Heiligen Schrift sind mit Ranken in Akanthus-, Farn- oder farbigem Dornblatt gestaltet.

Die Ausgestaltung folgt konsequent den Vorlagen eines Musterbuches aus der Mitte des 15. Jahrhunderts, das sich heute durch den Zufall der Überlieferung ebenfalls in der Göttinger Bibliothek[25] befindet (vgl. Abb. S. 50/51). Das Musterbuch ist für uns von großem Interesse, da es neben der Farbwahl und den Maltechniken auch die Zusammensetzung der Farben im Detail beschreibt. Zunächst werden farbige Muster für Blattranken und dann für die quadrierten und gerauteten «Feldungen» beschrieben, danach einige Initialen und Zierblumen. Die einzelnen Stadien des Aufbaus der Ranken bzw. der Feldungen werden ausführlich erläutert. Es wird die stets gleiche Rankenform empfohlen, mit einem milden Himbeerrot auf der Oberseite und tiefen Laubgrün der Blätter auf der Unterseite, dem «umslag». Schließlich wird ein Hellblau und ein sattes Mennigrot beschrieben, ebenso eine etwas pulverig aussehende Goldfarbe. Das satte Rot wird aus einer besonderen Holzart, «Presilie» genannt, unter Zusatz von Lauge, Kreide und Alaun gewonnen. Es ist viel lichter als das in der hochmittelalterlichen Buchmalerei verwendete Karmin, das eine schwerere Körperhaftigkeit auszeichnet. Bei den Grüntönen wird Berggrün oder Schiffergrün, das heißt Malachitgrün, als Grundlage genommen und zum Schattieren ein Saftgrün darübergezogen mit einem Pflanzenlack, dessen Substanz heute nicht mehr genau ermittelbar ist. Der Goldfarbton wird mit einer Mischung von Quecksilber, Zinn, Salmiak und Schwefel erreicht. Diese Goldfarbe ist zurückhaltender als das auch verwendete echte Pulver- und Blattgold, das betonend und kontrastierend verwendet wird. Mit Bleiweiß-Tupfern oder Strichelungen werden zusätzliche Tiefenwirkungen und Oberflächenwirkungen erwirkt.

Nicht nur die Herstellung der Farben wird beschrieben, sondern auch ihre Verwendung und der Aufbau der Malereien. Sowohl ein Vergleich der Farben wie der Malformen zeigt ein-

deutig, daß dieses Musterbuch zur Vorlage der Illuminierung
der Göttinger B 42 gedient hat. Eine mikrofotografische Analyse belegt nämlich, daß auch die Zusammensetzung der Farben
und der schichtweise Aufbau getreu nach den Anweisungen
des Musterbuchs erfolgten.

Göttinger Musterbuch, Blatt 3 recto; vgl. die danach
ausgemalte Göttinger Bibel S. 40/41

Massenauflagen in der Donat-Kalender-Type

Fust hatte sich 1455 darüber beklagt, daß Gutenberg seine Investitionen nicht in das gemeinsame «Werk der Bücher» gesteckt habe, sondern mit anderen Projekten beschäftigt gewesen sei. Nun finden wir eine ganze Reihe von kleineren Drucken, Einblattdrucken, Ablaßbriefen, Kurzgrammatiken und Kalendern, die wir parallel zur Entstehungszeit der Gutenberg-Bibel datieren können. Interessanterweise sind diese Texte in einer anderen Schrift gesetzt worden, bei der es sich eingebürgert hat, sie nach ihrem Verwendungszweck als «Donat-Kalender-Type» oder als Gutenbergs «Urtype» zu bezeichnen. Wiederum handelt es sich um eine Textura, allerdings um eine gröbere und in größeren Schriftgraden als die B 42-Type. Auch von ihr wurde eine Vielzahl von Abbreviaturen, Ligaturen und Varianten gegossen, so daß sich 202 Einzeltypen rekonstruieren lassen. Nach zahlreichen Verbesserungen diente sie zum Druck der 36zeiligen Bibel (circa 1458–60, eventuell in Bamberg).

Zu den sicherlich lukrativsten Unternehmungen von Kleindrucken gehört der Auftrag der Kirche, eine hohe Auflage von Ablaßbriefen herzustellen. Diese Ablaßbriefe, die später zu einem Hauptkritikpunkt der Reformatoren wurden, spielten in der religiösen Praxis des 15. Jahrhunderts eine wesentliche Rolle und waren handschriftlich weit verbreitet. Nach einer individuell festgelegten Spende wurden solche Ablaßbestätigungen ausgegeben, die dann bei der nächsten Beichte vorgelegt werden konnten, um einen vollkommenen Ablaß der zeitlichen Sündenstrafen zu erreichen. Der Text war formelhaft gehalten, und es bedurfte auf dem einseitig bedruckten Blatt nur des Einsetzens des Namens, des Datums und der Unterschrift. Insoweit war die neue Vervielfältigungsmöglichkeit durch den Buchdruck hervorragend dafür geeignet, es brauchte nur der Satz für eine Seite erstellt und dann in einer hohen Auflage gedruckt werden. Von den beiden frühesten Ablaßbriefen sind uns jeweils mehrere Auflagen bekannt. Aus den folgenden Jahren wissen wir von Auflagenhöhen von mehreren Tausend bis – in einem Einzelfall – von einer Auflage von 190 000 Exemplaren. Welche Bedeutung diesen Ablaßbriefen für den Empfänger beigemessen wurde, ist daran zu ersehen, daß die ersten erhaltenen Ablaßbriefe alle auf Pergament gedruckt wurden.

Der Anlaß für die Ausschreibung dieses Ablasses lag in der allgemeinen Furcht vor dem weiteren Vorrücken des osmanischen Reiches. Als Sultan Mehmed II. am 29. Mai 1453 Konstantinopel eroberte, rückte eine bis dahin diffus empfundene Gefahr in bedrohliche Nähe. Die Angst vor den «Türken», womit verallgemeinernd die Eroberungen der Osmanen und die Ausbreitung des Islam gemeint waren, war weit verbreitet. Bereits am 12. August 1451 hatte Papst Nikolaus V. dem König von Zypern einen allgemeinen Ablaß für den Zeitraum vom 1. Mai 1452 bis zum 30. April 1455 bewilligt. Der zyprische Beauftragte Paulinus Chappe ließ seit dem Spätsommer 1454 diese Ablaßbriefe in Mainz drucken.[26] Das älteste Exemplar, das sich bis heute erhalten hat, ist handschriftlich auf den 22. Oktober 1454 datiert worden.

Möglicherweise waren bereits zwei Jahre zuvor in Mainz Ablaßbriefe hergestellt worden, denn Nikolaus von Kues hatte am 2. Mai 1452 den Prior von St. Jakob ermächtigt, 2000 Ablaßbriefe an Frankfurter Bürger zu verkaufen.[27] Von dieser Auflage konnte aber bisher kein Exemplar nachgewiesen werden. Das abgebildete Exemplar aus dem Besitz der Göttinger Universitätsbibliothek (vgl. Abb. S. 56) verwendet als Textschrift eine Druckbastarda, eine Schrifttype, mit der in der Handschriftenzeit Urkunden geschrieben wurden. Als Auszeichnungsschrift wurde die Donat-Kalender-Type verwendet. Das vorliegende Exemplar stammte aus der 4. Auflage dieses Druckes von 1455 und ist handschriftlich auf den 26. Januar 1455 datiert und auf Pergament gedruckt worden.

Einer der aktivsten Verfechter eines Kreuzzugs gegen die

31zeiliger Ablaßbrief zugunsten der Kirche auf Zypern,
gedruckt 1455

Türken war der kaiserliche Sekretär Enea Silvio Piccolomini, der am 15. Oktober 1454 auf der Reichsversammlung in Frankfurt am Main sprach. Bei dieser Gelegenheit waren offensichtlich Druckbogen der Gutenberg-Bibel zu sehen. In Frankfurt trat auch einer der wortgewaltigsten Agitatoren gegen die «Türken» auf, der Kreuzzugsprediger Johannes Capistrano. Bei dieser zeitlichen und geographischen Nähe verwundert daher nicht, daß sich die erste Flugschrift aus Gutenbergs Offizin mit der Türkenbedrohung beschäftigte. Es handelt sich dabei um einen Kalender für das Jahr 1455 mit dem Titel «Eine Mahnung der Christenheit wider die Türken». Von dieser kleinen Schrift mit sechs Blättern hat sich nur ein einziges, allerdings vollständiges Exemplar[28] in der Bayerischen Staatsbibliothek in München erhalten (siehe Abb. S. 58), das ebenfalls in der Donat-Kalender-Type gesetzt wurde. Der nachweisbare Typenbestand besteht aus 93 Minuskeln, daneben Abkürzungs- und Interpunktionszeichen, allerdings nur aus fünfzehn Majuskeln. Da die Buchstaben K, W, X, Y und Z fehlen, kann man davon ausgehen, daß diese Typen für den Satz lateinischer Texte hergestellt wurden. Im deutschsprachigen Türkenkalender behalf man sich durch die Verwendung von Kleinbuchstaben anstelle der fehlenden Majuskeln. Das Typenmaterial scheint schon längere Zeit in Gebrauch gewesen zu sein, wie abgenutzte Buchstaben zeigen. Das Kalendarium für das Jahr 1455 enthält lediglich die Daten der zwölf Neumonde; es handelt sich in erster Linie um eine rhetorisch beeindruckende Propagandaschrift:

> «Allmächtiger König auf des Himmels Thron […]
> hilf uns fuerbaz in allen Stunden
> wider unsere Feinde Türken und Heiden,
> laß' sie für ihre bösen Gewalttaten leiden,
> die sie zu Konstantinopel in Griechenland
> an manchen Christenmenschen begangen haben …»

In den folgenden zwölf Monaten werden zunächst der Papst, dann der Kaiser, dann die europäischen Könige, das Deutsche

zu hertuia Die des kreises von köstätinopel
was Also ist ym begegent gar ein grof
fer has Uñ ist dē turcke uil folkes mdō
gelegē Almechtig got du wollest diner
cristeheit plege Uñ gnederlich gebē crafft
fridde uñ einikeit Uñ das sie sich mit ir
großen macht bereide Den ubeln turken
uñ sin folck zuuttribe Uñ dz sie ir keinen
lebendig lasse blybē · wedō in turky gre
tie asye noch eropa Des helff uns die kö
nigin maria Die do ist ein mut d heilgē
cristeheit Der ein swert yres mitlidens ir
hertz ūsneit Do ir son in dotlichem unge
mach Uirwont hāgē an dē creutz sprach
Jch befelen dich dem iungern min Also
latz dir die cristenheit befolen sin Und
bidde gnederlich vor sie in aller not Das
tsis nuwe am himmel stat Uff dinstag
noch nicolai des milden herren Uor mit
tage so sehs stunde her zu beten ···:····

Eyn gut selig nuwe Jar

Eine Mahnung der Christenheit wider die Türken.
Kalender für das Jahr 1455, Schlußseite: «Eyn gut selig
nuwe Jar»

Reich, die Reichsstädte und schließlich die ganze Christenheit aufgefordert, sich gegen die Türken zu erheben.

Da am Ende eine erst am 6. Dezember 1454 in Frankfurt bekanntgegebene Nachricht über den Türkenkrieg aufgenommen wurde und das Kalendarium mit dem 1. Januar 1455 beginnt, so kann man schließen, daß der Druck in der zweiten Hälfte des Dezembers 1454 in Mainz erfolgt ist.

Die Zeilen sind fortlaufend gesetzt, obwohl es sich um paarweise gereimte Verse handelt. Man hat daher auf den ersten Blick den Eindruck, es handele sich um eine Prosafassung. Dies geschah offensichtlich, um Platz zu sparen, auch wurden die Zeilen nicht ausgeschlossen, sondern es blieb der Rauhsatz stehen. Der Verfasser des Türkenkalenders ist unbekannt, in der Sprache mischen sich mittelrheinische und alemannische Dialektformen. Es ist daher durchaus möglich, daß es sich um einen ursprünglich straßburgischen oder elsässischen Text handelt, der von einem Mainzer Setzer erstellt wurde. Autorenzuweisungen konnten aber bisher nicht überzeugen.

Zu einem Kreuzzug gegen die Türken rief auch der nächste Papst, Calixtus III., in einer am 29. Juni 1455 feierlich verkündeten Bulle die gesamte Christenheit auf. Sie sollte an diesem Kreuzzug ab dem 1. Mai 1456 persönlich teilnehmen oder ihn mit Gebeten und Geldspenden unterstützen. Der Druck der in die deutsche Sprache übersetzten Bulle wird daher zwischen Juni 1455 und April 1456 erfolgt sein. Für die Propaganda im Deutschen Reich war der in Koblenz geborene Bischof Heinrich Kalteisen aus Drontheim zuständig, der die Bulle auch übersetzt hatte: «Dis ist die bulla vnd der ablas zu dutsche, die uns unser aller heiligster vater und herre babst kalistus gesant und geben hat widder die bosen und virfluchten tyrannen die turcken Anno MCCCC lvj et cetera.»[29]

Die Flugschrift von vierzehn Blättern mit 25 bedruckten Seiten hat sich in der Staatsbibliothek zu Berlin vollständig erhalten und ist bereits zu Beginn des Jahrhunderts faksimiliert worden. Eine gleichzeitig herausgegebene lateinische Ausgabe wird heute in Princeton / USA (Scheide-Bibliothek) aufbewahrt.

Nach dem Zustand der Typen zu urteilen, stammt aus dem Jahr 1457 das «Provinciale Romanum», das in lateinischer Sprache alle Erzbistümer und Bistümer verzeichnet. Von dem ursprünglich wohl zehn Blätter umfassenden Druck hat sich in der Bibliothek der Akademie der Wissenschaften in Kiew ein Großfragment der Blätter 2 bis 9 erhalten.[30]

Von einem weiteren frühen Druck aus Gutenbergs Werkstatt ist bisher nur ein Fragment in Paris aufgetaucht, es handelt sich um die Monate Januar bis Juni aus einem «Aderlaß- und Laxierkalender» auf das Jahr 1457. Die ebenfalls nicht sehr exakten Neumonddaten sind offensichtlich von dem Autor des Türkenkalenders berechnet worden. Der zeittypischen medizinischen Ratgeberliteratur folgend (handschriftlich seit 1439 bezeugt), werden Hinweise gegeben, an welchen Tagen man am besten zur Ader gelassen werden solle und an welchen Tagen das Einnehmen von Abführmitteln besonders wirksam sei.

Aus demselben Zeitraum stammt ein Einblattdruck, von dem sich ebenfalls nur ein Fragment in der Universitätsbibliothek in Cambridge erhalten hat, ein sogenannter Cisianus in deutscher Sprache, der zum Auswendiglernen des Festkalenders diente (nach den ersten Worten der lateinischen Vorlage «Cisio-Janus» [circumcisio Januarius: 1. Januar] benannt). Da sich das seit dem 14. Jahrhundert in deutscher Sprache bekannte Merkversgedicht nicht auf ein konkretes Jahr bezog, ist dieses Fragment nicht eindeutig zu datieren. Die abgenutzten Typen verweisen auf die zweite Hälfte der fünfziger Jahre des 15. Jahrhunderts.

Schulbücher

Neben den Schriften im kirchlichen Gebrauchszusammenhang, der Bibel, den Ablaßbriefen und den Türkenschriften mit kirchlicher und weltlicher Propaganda sind vor allem die Schulbücher als attraktive Texte für den frühen Buchdruck zu benennen. Besonders die lateinische Grammatik des spätrömischen Grammatikers Aelius Donatus (ca. 310–380), des Lehrers des hl. Hieronymus, fand in Handschriften und im Buchdruck weite Verbreitung. Seine «Ars minor» für Anfänger galt während des ganzen Mittelalters als das wichtigste einführende Lehrbuch und wurde im 15. Jahrhundert etwa 350mal gedruckt, darunter lassen sich auch Exemplare als Blockbuch nachweisen, das heißt, der gesamte Text wurde in Holz geschnitten und vom Holzstock abgezogen. Dieses überaus populäre Lehrbuch war daher bereits bei den Frühdruckern ein «Brotartikel». Zu Gutenbergs Lebzeiten wurden in Mainz mindestens 24 Auflagen davon gedruckt, zumeist in seiner Urtype, der nach diesem Schulbuch benannten Donat-Kalender-Type. Trotz dieser hohen Zahl von heute noch nachweisbaren Drucken läßt sich kein vollständiges Exemplar aus Gutenbergs und seiner direkten Nachfolgeoffizinen nachweisen, lediglich Fragmente haben sich in Bucheinbänden etc. erhalten. Die Schulbücher wurden ganz offensichtlich von den Schülern «aufgearbeitet». Dank ihres relativ geringen Umfangs von nur 28 Seiten konnten sie rasch gesetzt, gedruckt und relativ preiswert verkauft werden.

Um den Schülern die fünf Deklinationen und die vier Konjugationen des Lateinischen beizubringen, wurden allerdings keine didaktisch übersichtlichen Tabellen oder Formenkataloge aufgenommen, sondern die Beispiele fortlaufend gesetzt. Gegliedert wurden nur die jeweiligen Kapitelanfänge mit handschriftlich nachgetragenen Initialen über zwei Zeilen. Die Beispielworte der Konjugationen sind – wie bis in die

ius nti qo teumaoitur ur. Jlto hic lecturus hec
lectura hpc lecturu · Joto hui⁹ lecturi lecture lecturi
Ôtō huic lecturo lcure lecturo. Jlcto huc lecturu
hac lecturā hpc lecturū. Ucō o lecture lectura lectu
rū. Jblatiuo ab hpc lecturo ab hac lectura ab hpc
lecturo · rplr ntō hij lecturi hec lcure hec lcura gto
hpz lecturoz harū lcurarū hpz lcuroz. Dto hijs le
ituric · atto hos lcuros has lcuras hec lcura · utō
o lecturi lecture lectura. ablatō ab hijs lecturis.

Ffttus participiū veniens a verbo paſſiuo
epie perti numeri ſingularis figure ſim
plicis caſus nūqō teclinabit ſic. Jlto hic lectus
hec lecta hpc lectū. Jfto huius lecti lecte lecti. Dtō
hunc lecto lecte lecto. Jltto huc lectū hanc lectā hpc
lectū. Ucō o lecte lecta lectū. Jblatō ab hpc lecto
ab hac lecta ab hpc lecto · rplr Jlto hij lecti hec le
cte hec lecta. Jfto hpz lectoz hae lectarū hpz lecto
rum. Dtō hijs lectis. Jltto hos lectos has lectas
hec lecta. Ucō o lecti lecte lecta. Jblatō ab hijs
Egrediens participiū veniens lectis.
a verbo paſſiuo hpis futuri · nūi ſingularis figure ſimplicis caſus nūqō teclinabit ſic.

Fragment aus der Grammatik des Aelius Donatus,
gedruckt von Gutenberg (?)

Gegenwart – die Verben «legere» und «docere». Alle aufgefun-
denen Fragmente sind auf Pergament gedruckt, das heißt, sie
konnten durch die Hände vieler Schüler gehen. Die aufgefun-
denen 24 Auflagen in der Donat-Kalender-Type gliedert man

in die 26-, die 27-, die 28- und die 30zeiligen Donate. Als älteste gelten die 27zeiligen Donat-Fragmente, sie stammen vielleicht aus den frühen fünfziger Jahren. Die 26zeiligen wurden in den sechziger Jahren gedruckt. Wir kennen darüber hinaus Ausgaben mit der ausgefeilten Donat-Kalender-Type, die in der B 36 Verwendung fand, also vermutlich in Bamberg in den sechziger Jahren gedruckt wurden.

Die Donate hatten das ganze Mittelalter hindurch als Unterrichtswerk gedient, gerade der Buchdruck mit dem Wiederaufleben der philologischen Wissenschaften und der Rückbesinnung der Humanisten auf das klassische, ciceronianische Latein sorgte dann im 16. Jahrhundert für ihre Ablösung; stärker differenzierte und umfangreichere Grammatiken folgten.

Im Jahre 1901 fand man in Wiesbaden ein Fragment eines astronomischen Kalenders, der den Stand der Planeten für das Jahr 1448 und dann wieder für das Jahr 1467 (und so weiter) zeigt. Der Zustand der Donat-Kalender-Type beweist deutlich, daß dieser Druck nach dem der Türkenbulle von 1455/56 bei Gutenberg gefertigt wurde: Ein in der Jagiellonischen Bibliothek in Krakau entdeckter Probeabzug bestätigt diesen typographischen Befund, zumal sich auf der Rückseite der Probedruck einer 40zeiligen Bibel findet, mit den Typen der späteren B 36. Es scheint sich also um ein Probeblatt aus der Vorgeschichte der vermutlich ab 1458 gedruckten Bibel zu handeln. Die beiden Fragmente lassen darauf schließen, daß sechs Blätter mit den astronomischen Angaben zusammengeklebt werden mußten, was etwa einen Satzspiegel von 65 x 75 cm ergab. Hier handelte es sich offensichtlich um ein frühes Plakat zum Erstellen oder Deuten von Horoskopen.

Mit demselben Typenmaterial wurde ein Einblattdruck mit einem Gebet in lateinischer Sprache «Respice, domine sancte pater» aus der Feder von Ekbert von Schönau gedruckt. Der Einblattdruck von 20,5 x 29,5 cm hat sich in einem einzigen Exemplar in der Universitätsbibliothek in München erhalten.

Schwierigkeiten bei der Datierung macht ein kleines Fragment der «Sibyllenweissagung». Dieses beidseitig bedruckte

63

Fragment zeigt tanzende Linien, einen ungleichmäßigen Abdruck der einzelnen Buchstaben und einen unzureichenden Ausschluß der Zeilen. Da die Ränder der Typen unscharf sind, könnte man einen unzureichenden Typenguß oder sogar Experimente mit dem Gießinstrument vermuten. Da die Typen zudem unterschiedlich stark in das Papier gepreßt sind, kann man auf einen ungleichmäßigen Guß der Lettern schließen. Da das Fragment auf Vorder- und Rückseite und mit fortlaufendem Text bedruckt ist, hat man aber mit großer Wahrscheinlichkeit keinen Probeabzug vor sich. Weiterreichende Spekulationen scheitern am geringen Umfang des Fragmentes. Die in Reimpaarversen abgefaßte «Sibyllenweissagung» entstand in der zweiten Hälfte des 14. Jahrhunderts, anknüpfend an eine Sangspruchstrophe vom Ende des 13. Jahrhunderts. Wegen ihres religiösen Gehalts war sie bekannt und wurde hoch geschätzt: über 40 Handschriften aus dem 14. und 15. Jahrhundert lassen sich heute noch nachweisen. Ein aktuelles weltliches Ereignis – wie in der Forschungsliteratur mehrfach

Gutenbergs Drucke mit der Donat-Kalender-Type

Donate, 26-, 27-, 28-, 30zeilig	ca. 1453–57
Türkenkalender	Ende 1454
30zeiliger Ablaßbrief	1454/55
Provinciale Romanum	1456
Aderlaß- und Laxierkalender	ca. 1456
Sibyllen-Buch (Fragment vom Weltgericht)	ca. 1457
Cisianus deutsch	ca. 1456
Gebet-Einblattdruck	1456
Türkenbulle Calixtus III. (lateinische und deutsche Ausgabe)	1457
Astronomische Planetentafel	1457
Probedruck einer 40zeiligen Bibel	ca. 1457–59

diskutiert – muß daher nicht ursächlich für den Druck und eine bestimmte Datierung sein. Denn auch am Ende des 15. und zu Beginn des 16. Jahrhunderts wurde der Text mehrfach wiederaufgelegt und erfreute sich großer Beliebtheit. Da die Donat-Kalender-Type – wie wir gesehen haben – zunächst für den Gebrauch von lateinischen Texten geschnitten und gegossen wurde, kann es sich bei der «Sibyllenweissagung» nicht um den ältesten erhaltenen Druck handeln, wie verschiedentlich spekuliert wurde. Sofern der schlechte Erhaltungszustand des Fragmentes eine Einschätzung überhaupt ermöglicht, gehört der Druck in die zweite Hälfte der fünfziger Jahre.

Wir sehen also, daß neben der großen Arbeit am «Werk der Bücher» zahlreiche «Brottitel» bei Gutenberg gesetzt und gedruckt wurden, die als Schulbücher oder Kalender bzw. Ablaßbriefe ihren genau kalkulierten Absatz finden konnten. Diese Druckwerke brachten Geld in die Kasse, das dringend zur Finanzierung der langwierigen Arbeit an der Bibel benötigt wurde. Gleichzeitig können wir sehen, daß neben dem Qualitätsaspekt, mit der 42zeiligen Bibel die Handschrift nicht nur zu kopieren, sondern nach Möglichkeit zu übertreffen, auch der Quantitätsaspekt der neuen Erfindung deutlich wird: Gerade häufig gebrauchte Schulbücher oder Ablaßbriefe ließen sich nun bei geringem Satzvolumen in sehr hohen Auflagen und in kurzer Zeit herstellen.

Die Bibel mit 36 Zeilen

Beim Krakauer Probedruck des «Astronomischen Kalenders» fand sich auf der Rückseite ein Andruck einer 40zeiligen Bibel mit einer weiterentwickelten Donat-Kalender-Type. Da hierbei ein größerer Schriftgrad verwendet wurde, konnten jedoch schließlich nur 36 Zeilen je Kolumne ausgedruckt werden (siehe Abb. S. 67). Dies erhöhte den Umfang der Bibel deutlich, die nun mit 1768 Seiten fast 500 Seiten mehr umfaßte als die 42zeilige Bibel (B 42). Da in dieser Type nur 186 Einzellettern zur Verfügung standen, konnten die Abbreviaturen und Ligaturen nicht so fein eingesetzt werden wie bei der B 42, daher wurde der Randausgleich bei weitem nicht so exakt eingehalten. Durch einen Rubrikatorenvermerk auf einem Einzelblatt aus der Bibliothèque Nationale in Paris erfahren wir, daß die Arbeit des Rubrizierens 1461 beendet war. Der Druck wird daher etwa zwischen 1458 und 1460 erfolgt sein. Eine philologische Untersuchung zeigt, daß der Text auf den ersten zwölf Seiten einer unbekannten Handschrift folgte, danach aber kontinuierlich die B 42 nachsetzte. Die 36zeilige Bibel (B 36) ist erheblich seltener als die B 42, nur dreizehn Exemplare und dazu einige Fragmente haben sich erhalten. Über die Auflagenhöhe gibt es keinerlei Hinweise. Da auch in dieser Bibel keinerlei Druckvermerke erhalten sind, kann über den Druckort und den Drucker nur spekuliert werden. Da auch bei der B 36 Satz und Druck meisterhaft sind, muß ein erfahrener Setzer und Drucker beteiligt gewesen sein.

Da der Bamberger Drucker Albrecht Pfister spätestens seit 1461 mit ebendieser B 36-Type druckte, ist immer wieder angenommen worden, daß er auch der Drucker der B 36 sein könnte. Da allerdings Pfisters erster datierter Druck, Ulrich Boners «Edelstein» von 1461, keine vergleichbare Qualität im Satz aufweist, ist dieses Argument nicht unbedingt stichhaltig. Überzeugender ist dagegen der Hinweis, daß bei allen zehn

Incipit epla sancti Jeronimi pbri
ad paulinu
pbrm. de oiu
diuine histo
ne libris.

Frater am-
brosius mi-
chi tua munuscula perferens de-
tulit simul et suauissimas litteras: que a principio amicicias
fidem iam pbate fidei et ueteris
amicicie noua preferebant: Ve-
ra enim illa necessitudo est. et xpi
glutino copulata. qua non uti-
litas rei familiaris non presen-
cia tantum corporis non subdola
et palpans adulatio: s; dei timor
et diuinas scripturas studia co-
ciliat. legim9 i ueteib; histo2-
is quosda lustrasse puincias.
nouas adiisse pplos maria tra-
sisse: ut eos quos ex libris no-
uerant cora q uiderent. Sic pita-
goras memphiticos uates sic
plato egiptu et archita tarentu
num ramq; ozā ytalie que quo-
dam magna grecia dicebat la-
boriosissime pagrauit: ut qui
athenis mgr erat et potens cu-
iusq; doctrinas achademie gig
nasia psonabat. fieret peregrin9
atq; disciplus malens aliena
uerecude discere qua sua impu-
denter ingere. Deniq; cu litteras
quasi toto orbe fugientes psequ-
tur captus apiratis et uenūda-

tus. tyrāno crudelissio pa-
ruit ductus captiuus uinctus
et seru9: Tamē qa philosoph9:
maior emēte se fuit. ad tytū li-
uiū lacteo eloquencie fonte ma-
nātem. de ultimis hispanie gal-
liaruq; finibus quosdā uenisse
nobiles legim9. et quos ad co-
templacionem sui roma non
traxerat unius hoīis fama p-
duxit. Habuit illa etas in audi
tum omibus seclis celebrādūq;
miraclm: ut urb em tantā ings-
si. aliud extra urbem quererent.
Apollonius siue ille magus
ut uulgus loquitur siue philo-
sophus ut pytagozici tradūt: i-
trauit psas pfiituit caucasū.
albanos scitas massagetas.
opulēt issima regna indie penet-
fuit. et ad extremū latissio phiso
amne tismisso puenit ad brag
manas : ut hyarcas in throno
sedente aureo et de tantali fōte
potanē: inter paucos discipu-
los de natura de mozib; de die-
rū ac syderū cursu audiret doce
tem. Inde p elamitas babiloni
os. chaldeos medos assyrios
parthos syros phenices ara-
bes palestinos reuisus alexan
driā: p rexit ethiopiam: ut gig
nosophistas et famosissimam
solis mensā uideret in sabulo:
Inuenit ille uir ubiq; qd disce-
ret: et semper pficiens semp se me-

Ins mals ein affe kam gerät·Do er vil guter
nusse vant·Der hette er gesse gerne·Im was
gelagt von dem kerne·Der wer gar lustiglich un=
de gut·Beschwert was sein thümer mut· Do er der
pitterkeit entpfät,Der schale darnach zu hant· Be=
greiff er der schale herruhkeit·Von den nussen ist mir
geseit·Sprach er das ist mir worden kunt·Bi ha=
ben mir verhonet meinen munt· Dru warff er sie
zu der selben fart·Der kerne der nusse jn rue wart·
Dem selben affen sein gleich·Beide jung arm unde
reich·Die durch kurze pitterkeit· Verschmehe lan=
ge susikeit·wenne ma das feuer enzunte wil· So
wirt des rauches dick zu vil·Der thut einem in den
augen we·nen man darzu blefet mee· Bis es en=

16·1·cth·

wie der man· heiet vnd leſt den iunge gan· knelz er
den knabē reitē· Vnd lief dem knaben bei der ſeiten

Daran thet er vil palz· Do der alt erhortt das· Do
dem eſel ſalz er do· Der nung ſalz auff vnd was fro
Der ein zu dem andern ſprach· Do er den knaben
reite ſach· wart gerreuer geſelle meý· Der alt mag
wol ein narre ſein· Das er leſt reiten den knaben·
Der ſolt laufen vnd trabē· Vnd ſolt der alt reiten·
Vil kaum mocht er gepeiten· Das der alt auff den
eſel kam zu dem knaben vnd reiten hin dan·

verwendeten Papiersorten ausschließlich Papiere aus Bamberger Mühlen Verwendung fanden und die meisten erhaltenen Exemplare aus dem Besitz von Klöstern in der Umgebung Bambergs stammen. Es wäre daher zu fragen, ob möglicherweise um 1458 Mitarbeiter Gutenbergs dessen vollständiges Typenmaterial mit auf ihre Wanderschaft genommen haben und in Bamberg eine neue Druckerei einrichteten, zu der sich dann um 1460 Albrecht Pfister hinzugesellte. Da sich der im Helmaspergerschen Notariatsinstrument als Mitarbeiter Gutenbergs genannte Heinrich Keffer ein Jahrzehnt später in Nürnberg niederließ, ist Keffer mehrfach als Drucker der B 36 erwogen worden. Albrecht Pfister war Sekretär Georgs I. von Schaumburg gewesen, der 1459 zum Bischof von Bamberg gewählt wurde. Nachweisbar hat Pfister in den kommenden zehn Jahren vor allen Dingen deutschsprachige Texte, wie die genannte Fabelsammlung «Der Edelstein» oder den frühhumanistischen Traktat «Der Ackermann aus Böhmen» des Johannes von Tepl, jeweils mit reich illustrierten Holzschnitten, herausgegeben.

« C a t h o l i c o n »

Während alle bisher betrachteten Bücher entweder in der Type der B 42 oder in der Donat-Kalender-Type Gutenbergs gesetzt wurden, so findet sich im «Catholicon» von 1460 eine neue Schrift in einem kleineren Schriftgrad. Es hat sich eingebürgert, sie als Gotico-Antiqua zu bezeichnen, da sie auf italienische, humanistisch beeinflußte Vorbilder zurückgeht, aber gleichzeitig deutsche, historisierende Formen aufweist. Die sich vor allem in Italien rasch entwickelnde, sehr gut lesbare Antiqua hatte sich aus der humanistischen Minuskel entwickelt, die in der Handschrift auf die karolingische Minuskel des 8. Jahrhunderts zurückzuführen ist. In dieser Schriftart wurden die meisten Schriften der Antike überliefert, so daß die Anlehnung an den Geist und die Ideen der Antike ihre äußere Parallele in der Anknüpfung an die humanistische Schreibschrift fand. In der Werkstatt von Fust und Schöffer wurde eine andere Gotico-Antiqua verwendet, beim «Rationale» des Durandus von 1459 und bei der 48zeiligen Bibel von 1462. Gerade weil aber Fust und Schöffer eine andere Gotico-Antiqua verwendeten, wird der Druck dieses «Catholicons» um 1460 durch Gutenberg wahrscheinlich. Er hatte sich erneut in eine Geschäftspartnerschaft mit dem Mainzer Patrizier und Gelehrten Konrad Humery begeben, dem 1468 nach Gutenbergs Tod die Druckgeräte zufielen.

Das «Catholicon» war schon in der Handschriftenära weit verbreitet gewesen; der Dominikaner Johannes Balbus de Janua (von Genua) hatte es 1286 als Hilfsmittel für Geistliche verfaßt, um das Verständnis der lateinischen Bibel zu fördern. Es enthält eine lateinische Grammatik und ein Wörterbuch, das über die reine Worterklärung hinaus enzyklopädische Informationen bietet. Der Titel «Catholicon» zeigt bereits an, daß es sich um ein «umfassendes Werk» handelt. Trotz des

Eine Seite aus dem «Catholicon» des Johannes Balbus,
etwa 1460

kleinen Schriftgrades und des zweispaltigen Satzes benötigt es 726 Druckseiten. Erneut stellte dieses Werk erhebliche Ansprüche an die Bildung und an das Können der Setzer sowie an das Geschick der Drucker und Verleger. In einer Schlußschrift wird selbstbewußt ein hohes Lob auf die Buchdruckerkunst und auf die Stadt Mainz ausgebracht:

«Unter dem Schutz des Höchsten, auf dessen Wink die Zungen der Unmündigen beredt werden und der oft den Kleinen enthüllt, was er den Weisen verbirgt, wurde dieses hervorragende Buch, das Catholicon, in der erhabenen Stadt Mainz, die der berühmten deutschen Nation zugehört und die Gottes Güte mit so hoher Klarheit des Geistes und durch solches Gnadengeschenk vor allen anderen Nationen der Erde in ganz besonderer Weise auszuzeichnen gewürdigt hat, im Jahre 1460 der Menschwerdung des Herrn gedruckt und fertiggestellt – ohne Hilfe eines Schreibrohrs, eines Griffels oder einer Feder, vielmehr dank einem wunderbaren Zusammenspiel, Verhältnis und Ebenmaß von Druckstempeln und Typen.

Preis und Ehre darob sei gebracht dir, hochheiliger Vater, samt dem Sohn und dem Heiligen Geist in dreifaltiger Einheit. Künde das Lob der Kirche, Catholicon, durch dein Erscheinen. Höre nicht auf, zu preisen allzeit die fromme Maria. Gott sei Dank gesagt.»[31]

Leider verrät dieser Kolophon nicht den Namen des Druckers, sondern nur den Druckort. Der theologisch versierte Verfasser könnte daher auch der Herausgeber oder Überarbeiter gewesen sein, der Bibelstellen aus dem «Buch der Weisheit» und den Evangelien des Matthäus und des Lukas wie selbstverständlich zitiert. Die Druckgeschichte des «Catholicons» ist in den vergangenen Jahren breit diskutiert worden, da unterschiedliche Varianten auf unterschiedlichem Papier ermittelt wurden. Spricht die Wasserzeichenforschung auch für eine spätere Datierung (nach 1468), so erscheint der Kolophon mit der Jahreszahl 1460 (in römischen Ziffern) jedoch eindeutig. Nach einem Kaufvermerk wurde ein «Catholicon» jedenfalls dem Marienkloster Altenberg im Jahre 1465 verkauft. Ungeklärt ist ferner die Beobachtung, daß der umfangreiche Satz zweizeilig strukturiert ist: Nach der Theorie von Paul Needham sind hier starr gegossene Zweizeilenplättchen statt der beweglichen Einzeltypen zum Druck verwendet worden. Inwieweit es zu dieser frühen Form einer Stereotypie oder zu einem Druck an verschiedenen Orten kam, bleibt künftiger Forschung zu klären aufgetragen.[32]

Gutenbergs letzte Jahre

Die Lebensspuren Gutenbergs nach seiner zumindest teilweisen Geschäftsübergabe an Fust sind sehr gering. Um überhaupt weiterarbeiten zu können, ging Gutenberg erneut eine Partnerschaft ein, wie erst aus einem Dokument nach seinem Tode deutlich wird. Am 26. Februar 1468 erhielt der gebildete Jurist Dr. Konrad Humery Druckgerät, das Johannes Gutenberg hinterlassen hat: «formen vnd gezuge, zu trucken gebrochen» mit der Auflage, daß sie nur innerhalb der Stadt Mainz weiterveräußert werden dürften.[33] Humery, Sohn eines wohlhabenden Mainzer Kaufmannes, studierte 1421 in Erfurt und dann bis 1423 in Köln, 1427 ging er für sechs Jahre zum Studium der Rechte nach Bologna, wo er 1432 den kanonischen Doktorgrad erlangte. 1435 war er in Mainz in städtischen Diensten als Syndikus; beim Sturz des Alten Rates 1444 stand er auf seiten der Zünfte und wurde daher Kanzler und Oberster Schreiber des Neuen Rates. Er arbeitete dann im Dienste der Bischöfe Dietrich von Erbach und ab 1459 für Diether von Isenburg. Auch während der Stiftsfehde 1461/62 trat er für Diether von Isenburg ein; er wurde daraufhin vom siegreichen Bischof Adolf von Nassau 1462 inhaftiert, 1463 freigelassen und 1471 entschädigt. Möglicherweise während der Gefangenschaft übersetzte er die «Consolatio philosophiae» des Boethius. In der Vorrede spricht er nämlich davon, mit diesem Buch «allen Gefangenen» Trost spenden zu wollen.[34] Seine Übersetzung wird der Ausgangsschrift des Boethius nur wenig gerecht, er greift kürzend und erweiternd ein und kommentiert innerhalb der Übersetzung. Antike Philosophie wird in praktische christliche Lebenslehre überführt. Er wollte damit allen «Ungelarten» diesen Text «in mütterlicher Zunge ... zur Beßerung irs Lebens auch ir Seelen» nahebringen.

Neben der interessanten, noch weiter zu untersuchenden Verbindung zwischen dem gebildeten Patrizier und Gutenberg ist dieses Dokument auch für zahlreiche lebensgeschichtliche Umstände Gutenbergs von hoher Bedeutung. Da Humery «ettliche formen, buchstaben, instrument, gezuge vnd anders zu dem truckwerk gehörende» erhielt, ist mit einer vollständig ausgestatteten Druckerwerkstatt in der Stadt Mainz zu rechnen, die Gutenberg offensichtlich bis zu seinem Tode betrieb. Kurfürst Adolf von Nassau hatte großes Interesse daran, daß diese Werkstatt in seinem Einflußbereich blieb, von deren Vorteilen er sich mehrfach überzeugt und für die er Gutenberg bereits ausgezeichnet hatte.

Mit einer Urkunde vom 17. Januar 1465 nahm Adolf von Nassau Gutenberg als Hofmann in sein Hofgesinde auf mit der üblichen, allgemeinen Floskel für den «angesehenen, annehmigen vnd willigen dienst, die ... Gudenberg getan hat vnd in kunftigen Zejten wohl tun soll und mag»[35]. Er erhält dafür angemessene Kleidung, zwanzig Malter Korn und zwei Fuder Wein jährlich, die ihm in seine Mainzer Wohnung geliefert werden. Er wird ferner von Diensten, Lasten und Steuern befreit. Sowohl durch die Angaben der Druckerwerkstatt in Mainz, durch den Nachlaß an Konrad Humery als auch durch die Auslieferung der Sachunterstützung wissen wir, daß Gutenberg in seinen letzten Lebensjahren nicht am Hof in Eltville, sondern in Mainz lebte und arbeitete. Gerade die Bereitstellung von Lebensmitteln scheint ein Ausgleich für den sonst in Eltville gewährten Freitisch zu sein. Ob Adolf von Nassau damit Gutenbergs Erfindung insgesamt ehren wollte oder ob dieser ihm mit Druckaufträgen in Mainz oder Eltville zu Diensten war, läßt sich bei der formelhaften Abfassung einer solchen Bestallungsurkunde nicht ermitteln.

Ob Gutenberg bei der Einrichtung einer frühen Druckerei in Eltville beteiligt gewesen ist, läßt sich nicht dokumentarisch belegen, aber aus einer Reihe von Umständen erschließen: 1467 druckten die Brüder Heinrich und Nikolaus Bechtermünze in Eltville ein lateinisches Wörterverzeichnis in der Art des «Catholicon», das wohl 1460 von Gutenberg in Mainz gedruckt worden war. Dieses in Eltville gedruckte «Vocabularius ex quo» (benannt nach den Eingangsworten

«ex quo») ist ein für Schulzwecke zusammengestelltes lateinisch-deutsches Wörterverzeichnis von dem sich zahlreiche
Handschriften und frühe Drucke erhalten haben.[36] Als Quelle
für dieses handliche Vokabular dienten u. a. das «Catholicon»,
aber auch weitere Wörterbücher des 11. bis 14. Jahrhunderts.
Dieses praktische, nicht sehr umfangreiche Wörterverzeichnis
für den Schul- und Universitätsunterricht (zahlreiche Wort-
erklärungen sind nicht übersetzt, sondern selbst lateinisch
gehalten) war offensichtlich ein ähnlicher Bestseller wie die
Grammatik des Donatus. In der Einleitung lesen wir, daß «im
Hinblick darauf, daß verschiedene einschlägige Wörterbücher
zum Kaufen, zumal für arme Studenten, zu kostspielig, in der
Materialsammlung zu ausführlich und im Sinn zu dunkel
sind» werde hier ein neues lateinisch-deutsches Wörterbuch
vorgelegt. Im Kolophon nennen sich die Drucker mit ähnlichen Wendungen wie im Mainzer «Catholicon»: «Vorliegendes kleine Buch wurde nicht mit Hilfe von Schreibstift oder
Feder, vielmehr durch eine gewisse neue und kunstvolle Erfindung zu Ehre Gottes mit allem Fleiß durch Heinrich Bechtermünze seligen Angedenkens in Eltville begonnen und endlich
im Jahr 1467 am Tag Leonhards des Bekenners – es war der
4. Tag im Monat November – durch Nikolaus Bechtermünze,
den Bruder des besagten Heinrich, und durch Wiegand Spieß
von Orthenberg fertiggestellt.»[37]

　　Nicht nur in der Form des Kolophons und in der Buchgat-
tung eines Schulbuches für den Lateinunterricht schließt sich
dieses Vokabular an das «Catholicon» an, es wurde auch dieselbe Schriftart verwendet, allerdings wurden die Typen offensichtlich neu gegossen, denn sie bieten einen randscharfen und
klaren Abdruck. Gutenberg könnte die Matrizen des «Catholicon» nach Eltville gegeben und somit der dortigen Druckerei
und seinem Bischof einen Gefallen getan haben. Dieses Schulbuch war offensichtlich sehr begehrt, da wir weitere Drucke
von 1469, 1472 und 1477 aus Eltville kennen.

　　Durch die Verpflichtung von Konrad Humery wissen wir,
daß Gutenberg Mitte Februar 1468 verstorben war. Ein hand-
schriftlicher Eintrag in einem Frühdruck[38] belegt, daß «uff

Festumzug zu Ehren des 500. Geburtstags Gutenbergs
in Mainz 1900

sant blasius Tag ... der ersam Meister Henne Ginsfleiss» starb,
das heißt am 3. Februar 1468. Gegen Ende des Jahrhunderts
erfahren wir durch einen literarischen Nachruf seines Ver-
wandten Adam Gelthus, daß er in der Franziskanerkirche in
Mainz beigesetzt wurde. Falls sein Grab durch eine Gedenk-
tafel gekennzeichnet war, so wurde sie bereits 1577 bei der
Übernahme der Kirche durch die Jesuiten entfernt. Die Kirche
wurde schließlich 1742 abgerissen und durch einen barocken
Neubau ersetzt. Dieser Kirchenbau wiederum geriet 1793 in
Brand, als Mainz während des Ersten Koalitionskrieges von
den Franzosen belagert wurde. Die Trümmer wurden zu Beginn des 19. Jahrhunderts eingeebnet. Der Gutenbergforscher
Aloys Ruppel (1882–1977) hat in den dreißiger Jahren unseres
Jahrhunderts den Versuch unternommen, durch Grabungen
im ehemaligen Kirchenschiff die Gebeine Gutenbergs zu ermitteln. Wegen der zweimaligen Zerstörung sind jedoch keinerlei Inschriften etc. mehr erhalten; das Unterfangen führte
zu keinem anderen Ergebnis als der Störung der Totenruhe vieler in der Kirche Beigesetzter.

Ein authentisches Porträt Gutenbergs ist bisher nicht bekannt geworden.[39] Es hat vermutlich auch nie existiert. Das älteste datierbare Bildnis ist ein Holzschnitt aus dem großen biographischen Sammelwerk des Baseler Arztes Henricus Pantaleon «Prosopographia heroum atque illustrium virorum totius Germaniae» (Basel 1565)[40]. Im selben Band wird der Holzschnitt allerdings auch für andere Personen verwendet, was die Fiktion deutlich macht. In der deutschen Ausgabe[41] erscheint zudem als angebliches Porträt Gutenbergs ein anderer Holzschnitt als in der lateinischen.

Ein Kupferstich von André Thevet[42] aus dem Jahre 1584 zeigt eher einen Stempelschneider als einen Buchdrucker, trotzdem hat sich dieses Bildnis mit dem (standesuntypischen) Bart und der pelzverbrämten Mütze eingeprägt und erscheint daher auch auf dem Umschlag dieses Buches. Auf diesem Stich

Porträt Gutenbergs in der deutschen Ausgabe von Heinrich Pantaleon: Prosopographia. Teutscher Nation Heldenbuch. Basel, Nikolaus Brylingers Erben, 2. Band, 1568

79

Bertel Thorvaldsen: Entwurf
der Statue Gutenbergs für das
Gutenberg-Denkmal in Mainz,
1836

fußen eine Fülle späterer Darstellungen, u. a. ein Gemälde aus der Zeit um 1700, das 1870 in Straßburg verbrannt ist. Unsere Abbildung S. 7 zeigt eine Kopie aus dem Jahre 1832 für die Mainzer Stadtbibliothek, die heute im Gutenberg-Museum aufbewahrt wird.

Das Bild, das wir uns heute von Gutenberg machen, wird auch durch das Gutenberg-Denkmal des dänischen Bildhauers Bertel Thorvaldsen (1768−1844) geprägt, das 1837 in Mainz errichtet wurde. Steht Thorvaldsen für die romantische Verherrlichung Gutenbergs im 19. Jahrhundert, die in den wilhelminischen Jubelfeiern des Jahres 1900 mit Festumzügen, Schauspielen und Oratorien ihren pompösen Höhepunkt erlebten, so zeigt die 1962 von Väinö Aaltonen in Helsinki geschaffene Bronzebüste (vor dem Mainzer Gutenberg-Museum) einen nüchternen Charakterkopf mit konzentrierter, nachdenklicher Ausstrahlung (s. S. 132).

Die wissenschaftliche Beschäftigung mit Guten-

Flachreliefs von Thorvaldsens Gutenberg-Denkmal: Gutenberg im Gespräch mit Fust. Gutenberg bei der Prüfung eines Abzugs, Schöffer arbeitet an der Druckerpresse

berg begann erst zweihundert Jahre nach seiner Erfindung
durch den Domdechanten von Münster, Bernhardt von Mallinckrodt (1591–1644), anläßlich der 200-Jahr-Feier der Erfindung [43], bei der noch Fust und Schöffer im Mittelpunkt standen.
Nach der nächsten Jahrhundertfeier erschien 1741 die «Hoch-
verdiente und aus bewährten Urkunden wohl beglaubigte
Ehren-Rettung Johann Guttenbergs» von Johann David Köhler
(1684–1755), der mit der erstmaligen Berücksichtigung des
Helmaspergerschen Notariatsinstrumentes die Grundlagen für
eine biographische Forschung bot. Im 19. Jahrhundert wurden
die bibliographischen Verzeichnisse der Frühdrucke und die Erforschung der Druckgeschichte und der Typographie in den
Mittelpunkt gerückt. Die Festschrift zum Jahr 1900 brachte eine
bis heute weitgehend gültige Sicherung der biographischen
Zeugnisse und eine Zuweisung der von Gutenberg gedruckten
Schriften. Durch die Gründung der Gutenberg-Gesellschaft

1901 und des Gutenberg- Jahrbuches 1926 nahm die wissenschaftliche Erforschung einen deutlichen Aufschwung. Zwischen 1925 und 1977 wurde die Gutenbergforschung durch den
Direktor des Museums, den Stadtbibliothekar und späteren
Inhaber des Gutenberg-Lehrstuhls Aloys Ruppel, geprägt. Er
schrieb 1939 die mehrere Jahrzehnte lang maßgebliche Monographie, die in den achtziger Jahren durch die Arbeiten von Albert Kapr und in den neunziger Jahren von Guy Bechtel vertieft
und erweitert wurde. Die wissenschaftliche Forschung wird
federführend am 1947 gegründeten Mainzer Institut für Buchwissenschaft [44] geleistet und im «Gutenberg-Jahrbuch» der Internationalen Gutenberg-Gesellschaft dokumentiert. Nach der
langjährigen Fixierung auf die innovative Einzelleistung Gutenbergs ist es heute an der Zeit, seine Entwicklungen im Kontext der weltweiten Medienentwicklung zu betrachten und das
Augenmerk verstärkt auf seine Wirkungsgeschichte zu richten.

Johannes Guten-
berg, romantisiert:
Stich nach einer
Vorlage von
Adolph Menzel,
1840

Die Wirkungsgeschichte

Die ersten Nachfolger: Johannes Fust und Peter Schöffer

Petrus habe als Experte des Metallschneidens («sculpendi lege sagetius») die «beiden Johannes» übertroffen: So lesen wir in einem Gedicht in der bei Peter Schöffer 1486 gedruckten Ausgabe von Justinians «Institutiones». Damit wird nach dem Tode von Johannes Fust (1466) und Johannes Gutenberg (1468) Peter Schöffer die hohe Ehre des Meisterdruckers zuerkannt. Ähnlich äußert sich der Abt Johannes Trithemius in seinen «Annales Hiersaugiensis» (1515), Schöffer sei derjenige, der den Typenguß verfeinert habe. Peter Schöffer aus Gernsheim am Rhein ist 1449 als Kleriker und Kalligraph an der Pariser Universität bezeugt, im Helmaspergerschen Notariatsinstrument wird er als «Peter Girnssheim, Kleriker der Stadt und des Bistums Mainz» bezeichnet. Schöffer und Fust waren auch familiär verbunden: Nach der Heirat mit Fusts Tochter Christine wurde er sein Schwiegersohn.

Da die Partner Fust und Schöffer ihre Drucke mit einem Druckvermerk und ihrem Druckersignet versahen, kann man ihre Werke eindeutig identifizieren. Es handelte sich jeweils um Meisterleistungen der Buchdruckerkunst, die gerade in bezug auf die typographischen Zierelemente, den Metallschnitt und den Rotdruck die Arbeit von Gutenberg weiterführten und übertrafen. Am 14. August 1457 brachten sie ein erstes Prachtwerk, ein «Psalterium Moguntinum» auf Pergament heraus. Es enthielt zum erstenmal in der Druckgeschichte einen Kolophon und ein Druckersignet. Wir lesen im Druckvermerk[45]: «Vorliegendes Psalmenbuch ... ist durch die kunstvolle Erfindung des Druckens und Buchstabenformens ohne jede Anwendung eines Schreibrohrs so gestaltet und zum Preise Gottes mit solcher Sorgfalt fertiggestellt worden durch Johannes Fust, Bürger zu Mainz, und Peter Schöffer aus

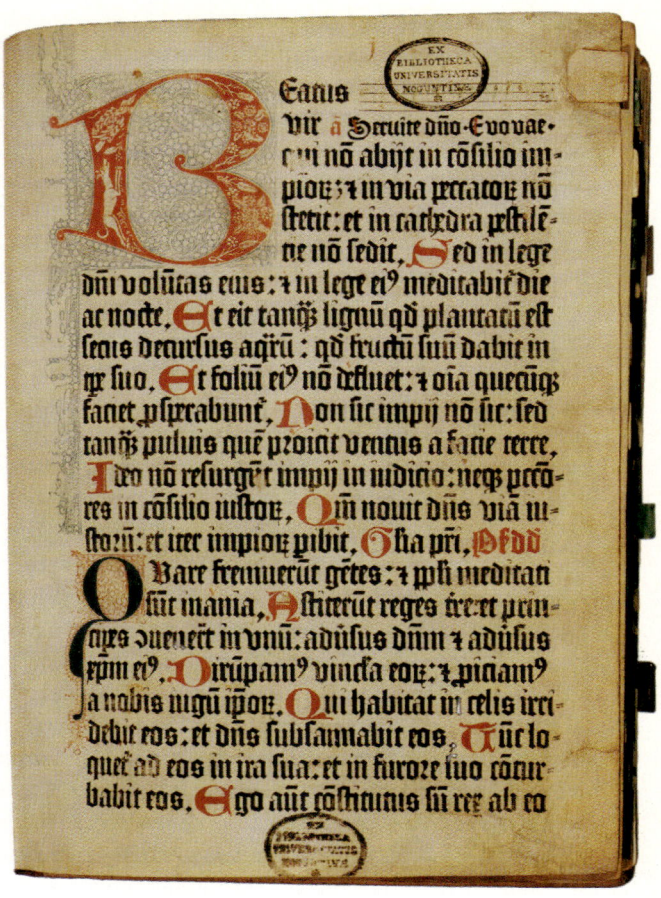

Psalterium Moguntinum. In Mainz gedruckt
von Johannes Fust und Peter Schöffer, 1457

Gernsheim im Jahre des Herrn 1457, am Vortag von Mariae
Himmelfahrt» (14. August). Die neue Kunst wird mit den lateinischen Begriffen «ars imprimendi ac caractericandi» bezeichnet. «Imprimere» bedeutet im antiken Sprachgebrauch einen
Prägevorgang; so spricht bereits Sueton von einer Münze oder
einem Ring mit einem aufgepreßten Bild und verwendet dafür

85

dieses Verb. Dieser auf den Buchdruck übertragene Begriff wird durch ein zweites Verb verstärkt, das «caractericare». Damit wird der gleiche Vorgang noch einmal bezeichnet, denn das aus dem Griechischen kommende «caractericare» bedeutet «einschneiden, eingraben, einhauen, einprägen». «Charakter» wird ein Prägestempel bei der Münzprägung genannt, schließlich auch das Geprägte selbst. Während «imprimere» den Druckvorgang selbst meint, bezeichnet «caractericare» das Buchstabenformen oder die Phase des Letterngießens. Im Substantiv «imprimerie» («Druckerei») und im Verb «imprimer» hat sich «imprimere» im Französischen erhalten, im Wort «print» («Druck» und «drucken») im Englischen; wir kennen bis in die Gegenwart das «Impressum» als den rechtlich verbindlichen Druckvermerk und das «Imprimatur» die (meist kirchliche) Druckerlaubnis («Es darf gedruckt werden»).

Bei diesem «Psalter» haben Fust und Schöffer Gutenbergs grundlegende Idee, die Handschriften nach Möglichkeit noch zu vervollkommnen, zu einer neuen Qualität geführt. Denn während wir in der B 42 nur wenige Zeilen Rotdruck auf den ersten Blättern finden, verwenden sie im «Psalter» nun erstmals planmäßig Rotdruck im ganzen Buch, lösen sich durch die Einfügung roter Unzial-Buchstaben von der Arbeit der Rubrikatoren und übernehmen durch die Metallschnitte in Rot und Blau die Arbeit der Illuminatoren. Die Initialen sind in drei Größen gehalten, die Abbildung S. 85 zeigt das prachtvolle «B» auf der ersten Seite, ein quadratischer 8,8 x 8,8 cm messender Buchstabe, der den Raum von sechs Zeilen der großen Psaltertype beansprucht. Daneben existieren vierzeilige Initialen der Buchstaben C, D, E und S und zahlreiche zweizeilige Initialen (Initiale Q auf S. 85). Es handelt sich dabei jeweils um Metalldruckstöcke[46], vermutlich wurde das Ornament der Initialen in einen schrifthohen Block nach Art des Holzschnittes erhaben eingeschnitten, so daß es eingefärbt in der Presse mitgedruckt werden konnte. Im Druckvorgang wurde wahrscheinlich zunächst eine Seite mit sämtlichen Typen und Zierelementen fertig ausgeschossen, dann nahm der Drucker alle farbig erscheinenden Teile heraus, färbte sie getrennt ein, färbte den Text schwarz und schloß dann den Satz nach Einfügung aller Teile wieder. Dies war sicherlich ein sehr umständliches Verfahren, doch bot es die beste Gewähr, Register zu halten und das Überschneiden von Buchstaben zu verhindern. Einige verdrehte Lombarden sprechen dafür, daß diese beim Wiedereinsetzen in den fertigen Satz vertauscht wurden. Dieser erste Mehrfarbendruck in der Druckgeschichte weist noch weitere Superlative auf: So wurde mit einer großen Psaltertype (ca. 39 Punkt) aus 210 Einzellettern und mit einer kleinen Psaltertype (ca. 32 Punkt) mit 185 Einzellettern gearbeitet, dazu kamen noch einmal insgesamt 53 Unzial-Zierbuchstaben und 228 farbige Initialen in drei verschiedenen Größen. Der Entwurf der Schrift und der Zierelemente, Guß und Satz dürften einige Zeit in Anspruch genommen haben, so daß die Vorbereitungen sicher in die Jahre 1453/54 zurückreichen, in eine Zeit, in der Gutenberg noch in der gemeinsamen Werkstatt wirkte.

Alle erhaltenen zehn Exemplare des Psalters mit je 340 Folio-Seiten sind auf Pergament gedruckt, ihrer liturgischen Bedeutung angemessen. Die aufgenommenen Psalmen, Cantica, Hymnen, Antiphonen und Responsorien richten sich in ihrer Abfolge nach dem Mainzer Brevier, aus dem die Tageszeiten gebetet und gesungen wurden. Im selben Jahr erschien eine zweite Auflage mit nur 246 Seiten, die auch außerhalb der Diözese verkauft werden konnte. 1459 druckten Fust und Schöffer eine veränderte Nachauflage, die nach den Bestimmungen der Bursfelder Kongregation der Benediktiner überarbeitet worden war, das «Psalterium Benedictinum». Da ein größeres Format gewählt wurde, wirken die einzelnen Seiten noch harmonischer und repräsentativer. Möglicherweise wurde diese Ausgabe in direktem Auftrag des Benediktinerordens hergestellt.

Einige der heute noch erhaltenen zehn Psalterien stammen aus Mainzer Klosterbesitz, etwa aus dem Gutenberg verbundenen Kloster St. Viktor oder aus St. Johann. Ein Exemplar aus dem Ursulinen-Kloster in Hildesheim gelangte in die Bibliothek der Universität Göttingen, die es 1782 dem englischen

König Georg III. schenkte. Es befindet sich heute in der Privat-
bibliothek des englischen Königshauses in Windsor Castle.

Neben dieser Psalter-Type verwendete die Werkstatt Fust–
Schöffer eine recht kleine, aber gut lesbare Gotico-Antiqua für
die lateinischen Texte. Sie wurde zunächst bei einem «Ratio-
nale divinorum officiorum» des Guillelmus Durandus ver-
wendet (6. Oktober 1459); mit derselben Schrift setzten sie
Werke des kanonischen Rechts, 1460 die «Constitutiones» des
Papstes Clemens V. und 1465 den «Liber sextus» des Papstes
Bonifatius VIII.

Aus ihrer Werkstatt stammt jedoch auch eine herausragende Bibel, die in einer neu geschnittenen Gotico-Antiqua
in 48 Zeilen gesetzt wurde. Die Verwendung eines kleineren
Schriftgrades zeigt bereits, daß diese Bibeln stärker für die
persönliche Lektüre und nicht für den gottesdienstlichen Ge-

Herbarius. Mainz:
Peter Schöffer
1484

brauch bzw. für den Vortrag oder den Unterricht gedacht waren. Fust und Schöffer konnten auf ihre Erfahrungen im Rotdruck beim «Psalter» zurückgreifen und haben in aller Regel die Auszeichnungsschriften wie die Kapitelanfänge etc. im Rotdruck gesetzt. Diese 48zeilige Bibel gehört zu den Meisterwerken des frühen Buchdrucks, die sich nun über die direkte kirchliche Unterweisung hinaus an ein größeres gebildetes Publikum wandten.

Nach dem Tod von Johannes Fust in Paris im Jahr 1466 war Peter Schöffer, mit dessen Tochter Christine verheiratet, der Alleinerbe von Druckerei und Verlag. Seit den siebziger Jahren nahm er in seine Drucke auch Abbildungen auf; 1484 und 1485 bringt er mit einem «Herbarius» und einem «Gart der Gesundheit» zwei wichtige und reich illustrierte Pflanzenbücher und Gesundheitsratgeber heraus. Die Heilkräuterkunde konnte auf die philologische Arbeit der Humanisten zurückgreifen, die die lateinischen Texte der Antike, darunter auch zahlreiche Übersetzungen aus dem Griechischen, bereitstellten. Die Schriften von Theophrast – dem Schüler des Aristoteles und Begründer der Botanik – waren neu entdeckt und diskutiert worden. Theologische, philosophische, medizinische, volkstümliche und naturwissenschaftliche Wissensbestände und Interpretationen fanden Aufnahme in diese Bücher; sie vermitteln uns einen Eindruck von der Heilkunst der Antike.

Den lateinischen «Herbarius» druckte Schöffer 1484 in seiner Psalter-Type, wie allgemein üblich wurde der Name des Autors nicht erwähnt. Es handelte sich offensichtlich um die Zusammenfassung einer Arzneipflanzenlehre einfacherer Art, die für einen breiteren Interessentenkreis bestimmt war. Die 348 Seiten sind mit insgesamt 150 Holzschnitten illustriert, die meisten in der Form eines Umrißholzschnittes. Schraffuren wurden nur sehr sparsam verwendet, so daß genügend Platz zum Ausmalen vorhanden war. Da die Darstellung der Pflanzen sehr steif wirkt, ist vermutet worden, daß sie möglicherweise nach gepreßten Pflanzen gezeichnet wurden.

Im März 1485 brachte Peter Schöffer eine populäre Fassung in deutscher Sprache als «Gart der Gesundheit» heraus. Die

Rofa rofen Capitulum·cccxxvij·

Ofa latine·grece rodon·arabice Baxd· Jn dem Buch circa
inftans·Befchriben vns die meifter vnd fprechen daz rofa vo
natuer kalt fy an dem erften grade vñ drucken an die andern
Wan die rofen roit fynt vñ fy eß noch nit geoffnet Baßn fo fal man
fie aße fnyde vñ fie drücken laßen werden an der fonne· Gallenus
in dem achten Büch genant fimpliciu farmaceozu in dem capitel rofa
fpricht das man aße Baße fo die rofen aße geBrochen fynt fie drücken
laußen werde·wan fumet man das lang fo verriechen fie Balde·

378 Holzschnitte wurden neu angefertigt und illustrieren die
720 großformatigen Seiten. Im Unterschied zum «Herbarius»
handelt es sich hier nicht um einen Extrakt antiken Wissens,
sondern eher um die Summe des allgemeinen Wissens über
Arzneipflanzen im 15. Jahrhundert. In einem Hauptkapitel
wird die pharmakologische Wirkung von Pflanzen, aber auch
von Tieren und anorganischen Stoffen beschrieben, ein zweiter Hauptteil gibt systematisch Auskunft über Laxiermittel,
wohlriechende Stoffe, Gummiarten, Früchte, Samen, Wurzeln,
Steine und Tiere. Von einem Register mit 314 Krankheiten wird
auf die jeweils empfohlenen Heilpflanzen verwiesen.

DIE AUSBREITUNG
DER BUCHDRUCKERKUNST

Von den ersten Büchern Gutenbergs bis zum Jahr 1500, dem aus rein bibliographischen Gründen festgelegten Ende der Inkunabelzeit, erschienen etwa 30000 unterschiedliche Drucke, die heute noch nachgewiesen werden können. Wenn man eine Auflagenhöhe von durchschnittlich dreihundert Exemplaren ansetzt, wurden etwa neun Millionen Bücher gedruckt. Über achtzig Prozent davon waren in lateinischer Sprache verfaßt, in der sowohl für die Kirche wie für die Gelehrten verbindlichen europäischen Sprache. Daraus resultierten natürlich ungeheure Vorteile für viele Offizinen quer durch Europa, da ihr Absatzgebiet nicht auf einen unter Umständen kleinen Sprachraum beschränkt war. Schon früh entwickelte sich so zum Beispiel die Frankfurter Messe zu einem Umschlagplatz für Bücher auch aus Frankreich, den Niederlanden oder Italien. Die Bücher wurden dazu als Rohbogen in Fässern transportiert und in aller Regel erst von ihrem Besitzer gebunden und buchkünstlerisch ausgestaltet. Waren die ersten Bücher, ihrem Verwendungszweck gemäß, noch großformatige Folianten für den liturgischen oder universitären Gebrauch, so wurde das Format ab etwa 1480 deutlich verkleinert. In dieser Zeit bildete sich auch ein Titelblatt heraus, das die wichtigsten Angaben zum Autor, zum Thema, zum Druckort und zum Drucker enthielt. Bis dahin waren diese Angaben, der Schreibertradition gemäß, im Kolophon am Ende des Textes enthalten. Da die Produktion aber nun nicht mehr auf Einzelanfrage, sondern auf Vorrat geschah, mußte auf den ersten Blick im Buchlager erkennbar sein, um welche Texte es sich handelte. Neben der Veränderung des Formats und der Herausbildung des Titelblatts sind auch die immer üblichere Paginierung, das heißt das Aufnehmen von Seitenzahlen, und die Anfänge von Buchwerbung auf gedruckten Plakaten für diese Umbruchsphase typisch.

Da sich das Lesen mehr und mehr verbreitete, finden wir verstärkt Prosaversionen von mittelhochdeutschen Epen im Druck, die über Jahrhunderte in Versform zum Vortrag tradiert

worden waren. Die neue Kommunikationstechnik förderte
damit auch eine neue literarische Gattung, den Prosaroman,
zu dem Reiseberichte wie der «Fortunatus», satirische Exem-
pelerzählungen wie der «Eulenspiegel», Sagenübersetzungen
aus dem Französischen wie die «Melusine» oder schließlich
Originalromane wie die «Historia von D. Johann Fausten»
gehören. In den Volkssprachen wurden aber nicht nur unter-
haltende Romane, sondern auch belehrende Schriften, Kräu-
terbücher und Lebenslehren publiziert.

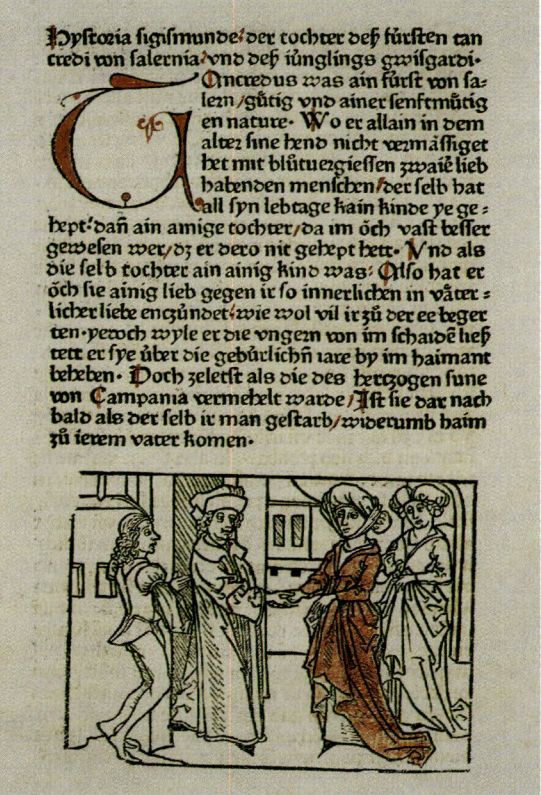

Typik der Gefühls-
darstellung im sog.
Volksbuch, hier in der
«Historia Sigismunde
... und des Jünglings
Guisgardi»

Frühe deutschsprachige Drucke wurden in Bamberg in der Werkstatt von Albrecht Pfister hergestellt, der 1461 die Fabelsammlung «Der Edelstein» und etwa 1470 das bedeutendste Dokument des deutschen Frühhumanismus, den «Ackermann aus Böhmen» des Johann von Tepl, publizierte. Pfister druckte nicht nur in deutscher Sprache, sondern illustrierte seine Werke mit großformatigen Holzschnitten. Der erste Druck aus Bamberg, etwa 1459 entstanden, dürfte die oben besprochene B 36 gewesen sein.

Etwa zeitgleich mit Bamberg wurde auch in Straßburg gedruckt; ein Exemplar der dort von Johannes Mentelin ohne Datumsangabe gedruckten 49zeiligen Bibel ist bereits 1460 rubriziert worden. Mentelin (um 1410–1478) verwendete eigenständiges Typenmaterial, eine Gotico-Antiqua und weitere reine Antiqua-Typen. Er verzichtete weitgehend auf Initialen oder Holzschnitte, sorgte aber für philologisch exakte Ausgaben der Kirchenväter Augustinus, Thomas von Aquin und Hieronymus, er druckte die Schriften des Albertus Magnus und die erste Bibel in deutscher Sprache. Darüber hinaus entstammen seiner Offizin die «Opera» des Vergil und die «Commoediae» des Terenz. Aus dem Programm des Handschriften-Großhändlers Diebold Lauber in Hagenau im Elsaß übernahm er die mittelalterliche höfische Dichtung, so den «Parzival» Wolframs von Eschenbach und den «Jüngeren Titurel», die 1477 erschienen.

Aber nicht nur am Oberrhein waren Drucker tätig, sondern ebenfalls im Handelszentrum Köln. Bei dem Kölner Erstdrucker Ulrich Zell aus Hanau (um 1435–1503) läßt sich eine direkte Abstammung aus der Wiege der Buchdruckerkunst nachweisen, da Zell bei Fust und Schöffer in Mainz das Handwerk erlernt hatte und sich dann 1464 in Köln niederließ. Wohl bereits 1465 erschien bei ihm Ciceros «De officiis»; es war der Beginn einer umfangreichen Produktion von etwa 140 Drucken mit theologischen und humanistischen Texten, zu über 95 Prozent in lateinischer Sprache. Nach der Zahl der Drucke stand Köln bald an der Spitze deutscher Druckorte. Besonders in den Handelsstädten existierten gute Entwicklungsmöglichkeiten für die Buchdruckerkunst. Während Mainz und Bamberg in den folgenden Jahrzehnten nur geringe Produktionszahlen aufwiesen, blühten die Offizinen in den Haupthandelszentren Augsburg, Nürnberg und Lübeck auf.

Entscheidend für die Verbreitung der Buchdruckerkunst wurde jedoch der Weg über die Alpen und die herausragende, künstlerisch eigenständige und bald ganz Europa befruchtende Buchdruckerkunst Italiens. Bereits 1465 arbeiteten die deutschen Buchdrucker Konrad Sweynheim (gestorben 1477) und Arnold Pannartz (gestorben 1477) im Benediktinerkloster Sancta Scholastica in Subiaco bei Rom. Ihr erster datierter Druck vom 29. Oktober 1465 war eine Werkausgabe des Kirchenvaters Lactantius (um 260 – um 325). Aus demselben Jahr stammt ihre Ausgabe von Ciceros «De oratore», 1467 folgt eine Ausgabe von «De civitate» des Augustinus. Mit diesem Buch machten sie offensichtlich ein gutes Geschäft, einer der frühesten erhaltenen Zollbelege für Druckwerke weist nämlich nach, daß das Kloster im Januar 1468 sechzig Exemplare dieses Buches in Rom eingeführt hat. Auch in den Folgejahren wurden von Subiaco nach Rom Bücher im Schätzwert von jeweils 1400 bis 3000 Dukaten geliefert.[47]

Über die engen Beziehungen zwischen der römischen Kurie, den deutschen Buchdruckern und Bischöfen unterrichtet uns ein Widmungsbrief des Bischofs von Aleria, Andrea dei Bussi, an Papst Paul II. in den «Epistolae» des hl. Hieronymus, die 1468 von Sweynheim und Pannartz in Rom gedruckt wurden. Bussi, der spätere erste Bibliothekar der Vaticana, preist in dieser Widmung die Erfindung der Buchdruckerkunst und nennt Nikolaus von Kues als einen der großen Förderer: «Deutschland ist in der Tat wert, geehrt und durch alle Jahrhunderte hoch gepriesen zu werden als Erfinderin der segensreichen Kunst. Das ist auch der Grund dafür, daß die stets rühmenswerte und des Himmelreiches würdige Seele des Nikolaus von Kues, des Kardinals zu Sanct Peter ad Vincula, den heißen Wunsch hatte, daß diese heilige Kunst [sancta ars], die man damals in Deutschland entstehen sah, auch in Rom hei-

BEATISSIMO PATRI PAVLO SE CVNDO PONTIFICI MAXIMO. DONIS NICOLAVS GERMANVS

Widmungsinitiale: Ein Benediktinermönch –
Nikolaus Germanus – überreicht Papst Paul II. die
«Cosmographia» des Ptolemäus, Ulm 1482.

misch werde.»[48] An dieser Stelle wird Kues deutlich als der Vermittler des Buckdrucks zwischen Deutschland und Italien und als Förderer dieser «heiligen Kunst» benannt. Da er sich zeitlebens für eine vereinheitlichte Liturgie auf der Basis übereinstimmender Textvorlagen und für ein besseres Wissen der Pfarrer und der Gläubigen eingesetzt hatte, kamen ihm natürlich die Möglichkeiten des Buchdrucks für seine pastoralen Ziele sehr gelegen. Rom blieb während der Inkunabelzeit ein Hauptdruckerzentrum in Italien, über vierzig Offizinen lassen sich bis zum Jahr 1500 nachweisen, von denen etwa fünfundzwanzig mit deutschen Druckern arbeiteten.

Ciceros «Liber de senectute», angeschlossen an «De officiis», gedruckt 1469 von Konrad Sweynheim und Arnold Pannartz in Rom, goldene Initiale mit mehrfarbigen Ranken, die in Goldpollen münden

Nicht wenige Patriziersöhne aus Nürnberg oder Augsburg studierten Geisteswissenschaften, Medizin oder Jura an den oberitalienischen Universitäten. Wir finden aber in der zweiten Hälfte des 15. Jahrhunderts auch zahlreiche Handwerker, Architekten und Baumeister auf Wanderschaft südlich der Alpen. Der reiche Austausch von gelehrten Buchdruckern zwischen Deutschland und Italien in diesen Jahrzehnten fügt sich daher in ein kulturelles Gesamtbild der Epoche ein.

Nach Rom ist besonders Venedig als früher Druckort zu nennen, wo Johann von Speyer 1469 vom Rat der Stadt für fünf Jahre ein Monopol für den Buchdruck erhielt. Da er bereits 1470 starb, führte sein Bruder Wendelin die Druckerwerkstatt fort. Wie auch in anderen italienischen Städten wurden hauptsächlich die klassischen, lateinischen Schriftsteller und juristische Werke gedruckt. Von besonderer Bedeutung ist Wendelins erste Bibel in italienischer Sprache (1471) und – als wichtiges Zeugnis des volkssprachigen italienischen Huma-

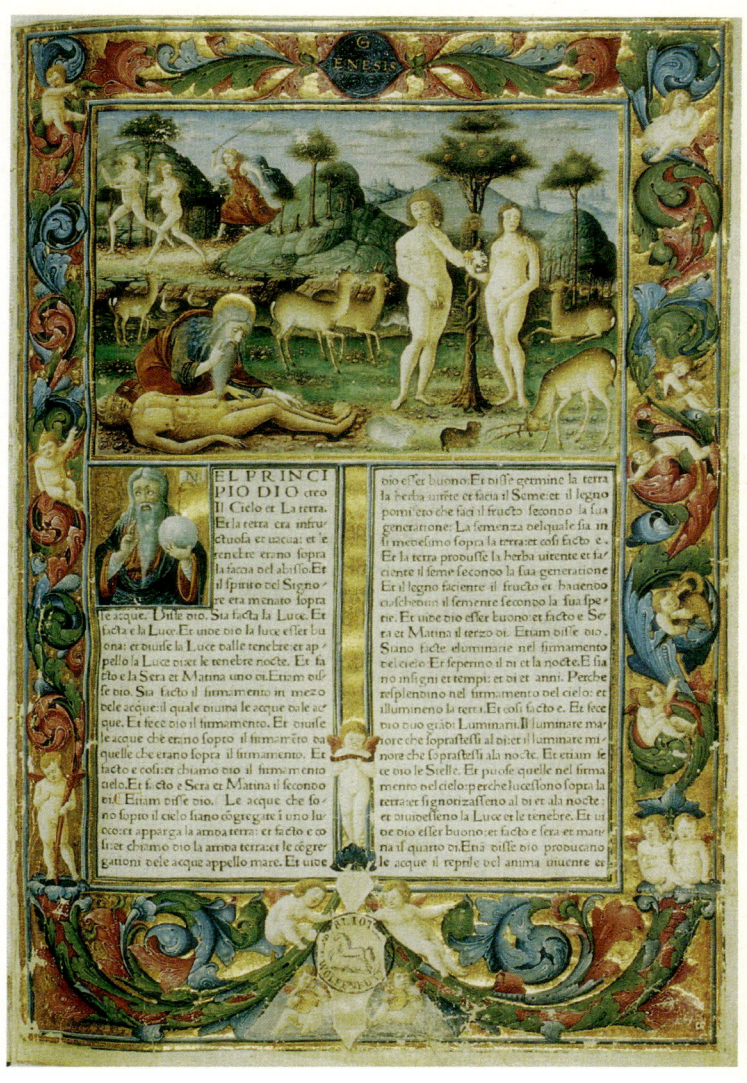

Der Anfang des Buches Genesis aus der ersten
in italienischer Sprache gedruckten Bibel durch
Wendelin von Speyer in Venedig, 1471

nismus – der «Canzoniere» von Petrarca (1470). Eine klare, kräftige Antiqua-Type ist für die venezianischen Drucke dieser frühen Jahre kennzeichnend.

In Venedig finden wir auch Nicolas Jenson aus Sommevoir bei Troyes, der vom Münzmeister König Karls VII. von Frankreich 1458 nach Mainz geschickt worden war, um sich die neue Technik des Buchdrucks anzueignen. Ab 1470 gab er in einer besonders ausgewogenen Antiqua-Type Schriften der lateinischen Klassiker und der Kirchenväter in Venedig heraus. Er betrieb seine Offizin als eine Handelsgesellschaft mit zwei deutschen Kaufleuten im Fondaco dei Tedeschi. Auch Erhard Ratdolt aus Augsburg druckte in Venedig. Er hatte in Nürnberg mit dem Astronomen und Buchdrucker Johannes Regiomontanus zusammengearbeitet, dessen «Calendarium» er 1476 in einer eleganten venezianischen Antiqua mit Zierbuchstaben und Rankenwerk in lateinischer und italienischer Sprache herausbrachte. Zu seinen besonders guten Drucken gehören auch die «Elementa geometriae» des Euklid vom Mai 1482. Der bedeutendste Drucker war aber zweifellos der Italiener Aldus Manutius (1449–1515), der in Venedig 1490 eine Offizin mit dem ausdrücklichen Ziel einrichtete, die Werke der lateinischen und griechischen Klassiker zu publizieren. Zu seinen bemerkenswertesten Drucken gehörte die mit 172 Holzschnitten illustrierte «Hypnerotomachia Poliphili» («Traumliebesstreit des Poliphilo») aus dem Jahre 1499 in italienischer Sprache. Der schwierige Text voller mythologischer Rätsel und Andeutungen forderte Manutius offensichtlich heraus, und so gestaltete er eines der schönsten gedruckten Bücher der Renaissance in einer lichten und ausgewogenen Antiqua-Type im Formsatz und mit ebenso leichten wie anmutigen Holzschnittillustrationen. Die Illustration ist hier nicht mehr nur schmückende Beigabe, sondern bereichernder Bestandteil der Präsentation eines literarischen Textes.

Die aus Deutschland kommende Buchdruckerkunst hat sich in Italien typographisch und gestalterisch weiterentwickelt und verselbständigt. Gegen Ende des 15. Jahrhunderts wurde die Buchgestaltung durch aus Italien zurückkehrende

Finito che la nympha cum comitate blandissima hebbe il suo beni
gno suaso & multo acceptissima recordatióe, che la mia acrocoma Polia
propera & másuetissima leuatofe cum gli sui festeuoli ,& facetissimi simu
lachri ,ouero sembianti,& cum punicante gene,& rubéte buccule da ho
nesto & ueneráte rubore suffuse aptauase di uolere per omni uia satissare
di natura prompta ad omni uirtute,& dare opera alla honesta petitioné.
Non che prima peroe se potesse cælare & dicio retinere alquáto che ella
intrinsicamente non suspirulasse.Ilquale dulcissimo suspirulo penetroe
reflectendo nel intimo del mio,immo suo core,per la uniforme conue-
nientia. Quale aduene a dui parimente participati & concordi litui. Et
ciascuna cum diuo obtuto respecta intrepidulamente,cum quegli ludi-
bondi & micanti ochii,Da fare (Ome)gli adamanti fresi in mille fragmé
ticuli.Cum pie & summisse uoce,& cum elegantissimi gesti decentemen
te reuerita ogni una ,ritornoe al suo solatio so sedere supra il serpilaceo so
lo.La initiata opera sequendo sellularia . Cum accommodata pronunti
atio-

Eines der schönsten Druckwerke der Renaissance: «Hypnerotomachia Poliphili», gedruckt 1499 von Aldus Manutius in Venedig

Gesellen und Meister deutlich beeinflußt. Zu ihnen gehörte vor allem Erhard Ratdolt, der nach zehnjähriger Arbeit in Venedig sich 1486 in Augsburg niederließ und zahlreiche Antiqua- und Griechisch-Typen mitbrachte.

Die Bedeutung der Buchdruckerkunst für die Verbreitung von Wissen erkannten besonders die Universitäten. Daher finden wir die erste Druckerei Frankreichs an der Sorbonne im Jahre 1470. Der Prior Heynlin von Stein (de Lapide, 1435 bis 1496) und der Rektor Guillaume Fichet (1433–1480) beauftragten drei deutsche Druckergesellen, Ulrich Gehring aus Konstanz, Michael Friburger aus Colmar und Martin Crantz aus Straßburg, mit dem Druck von klassischen und humanistischen Texten, für die sie eine relativ große Antiqua-Schrift verwendeten. Auf Paris folgten als weitere bedeutende französische Druckerstädte 1473 Lyon, 1475 Albi und 1476 Toulouse. Keine zehn Jahre nach Gutenbergs Tod war seine Technik in den meisten europäischen Ländern verbreitet (vgl. die Karte im Anhang S. 147).

Der Londoner Erstdrucker William Caxton (1422–1491) war ein gebildeter Tuchkaufmann, der 30 Jahre seines Lebens an dem wichtigen Handelsplatz Brügge tätig war, auch als Leiter der «Merchant Adventurers», der Auslandsorganisation der englischen Kaufleute. 1471 und 1472 hielt er sich zu Geschäften in Köln auf, wo er in der Werkstatt des Schriftgießers und Druckers Johann Veldener die Buchdruckerkunst kennenlernte. Dieser goß ihm seine ersten Typen, mit denen er 1475 in Brügge das erste Buch in englischer Sprache drucken ließ, das von ihm selbst aus dem Französischen ins Englische übertragene «Recuyell of the Historyes of Troy». In Westminster eröffnete er 1476 die erste Druckerei in England, in der er zunächst Ablaßbriefe druckte und danach zwei bedeutende Werke, Geoffrey Chaucers «Canterbury Tales» und danach 1477 «The Dicts or Sayings of the philosophers» in der Übersetzung des Second Earl Revers, eine Anthologie der zentralen Zitate antiker und mittelalterlicher Philosophen. Der Text ist wie alle seine englischen Drucke in einer Bastarda gesetzt und noch von

Hand koloriert worden. 74 seiner 90 gedruckten Bücher sind in englischer Sprache erschienen, zwanzig davon hat er selbst übertragen. Alle Werke sind für die englische Literatur- und Bildungsgeschichte wichtige Schriften, ob es sich um Handbücher für die gesellschaftliche Erziehung, die Übersetzungen der lateinischen Klassiker, um Enzyklopädien oder Ritterromane handelt.

Nachdem die Buchdruckerkunst sich in den siebziger Jahren des 15. Jahrhunderts in Mitteleuropa verbreitet hatte, erreichte sie 1483 Stockholm, 1503 Istanbul, 1515 Saloniki und 1553 Moskau. Ab 1556 wurde nachweislich in Goa (Indien) gedruckt und ab 1590 in Kazuna (Japan). Obwohl seit dem 8. Jahrhundert im ostasiatischen Raum Texte durch Abreibungen vervielfältigt wurden, machte erst achthundert Jahre später die Technik Gutenbergs den Druck mittels einer Presse in diesem Teil der Welt bekannt.

Zwei geistige Strömungen sind für die Ausbreitung der Buchdruckerkunst von besonderer Bedeutung: der im 15. Jahrhundert in Italien aufblühende Renaissance-Humanismus und die Reformation Martin Luthers im 16. Jahrhundert. Nur durch wechselseitige Unterstützung und Förderung können die rasche Ausbreitung dieser Ideen und die Verbreitung der neuen Kommunikationstechnik des Buchdrucks erklärt werden.

Humanismus und Buchdruck

Einem Sohn der Stadt Mainz sei es zu verdanken, schrieb der deutsche Humanist Conrad Celtis (1459–1508) am Ende des 15. Jahrhunderts in einer Ode, daß die Deutschen nicht mehr von den Italienern wegen ihrer angeblich geistlosen Untätigkeit geschmäht werden könnten. Die Buchdruckerkunst habe es nämlich ermöglicht, Anschluß an die geistige Größe der Antike zu erreichen. Und so wie einst Vergil in seinen «Georgica» die Übernahme der griechischen Musen und ihrer Künste nach Italien postulierte, so äußert nun Celtis den Wunsch, die Musen, und damit die Befähigung zur echten Dichtkunst und zur Wissenschaft, über die Alpen in die deutschen Lande zu führen. Bereits 1486, im Wahljahr Maximilians zum Römischen König, hatte Celtis in einer Ode Apollo, den Schutzherrn der Dichter, angefleht, daß er mit seiner Leier von Italien nach Germanien kommen solle: «Komm, so beten wir, auch zu unseren Küsten, wie Italiens Lande Du einst besuchtest; mag Barbarensprache dann fliehn und alles Dunkel verschwinden.»

Conrad Celtis betont den Unterschied zwischen unkultivierten Barbaren mit ihrer ungelenken Sprache und den gebildeten, gesitteten Römern. Dieses sprachliche Defizit setzt er einem kulturellen Defizit gleich. Er schließt darin an die italienischen Humanisten Francesco Petrarca (1304–1374) und Lorenzo Valla (1406–1457) an, die die kulturstiftende Funktion des Lateins betonten. Sie werteten Latein als Sprache der Weltkultur, als Sprache der Wissenschaft und der freien Künste überhaupt. Nach ihrer Auffassung war die Sprache aber nicht nur das Medium, sondern gleichzeitig der Ursprung («semen» – «Samen») und selbst Gegenstand gelehrter Unterhaltung. Die lateinische Sprache wurde zum Kennzeichen jedes wahren «eruditus» und jeder «civilitas», mithin für jedes menschenwürdige Zusammenleben. Die enge Verknüpfung von Latein, Rechtssprache und Kirchensprache diente ihnen als Beleg dafür, dem Latein grundlegenden Charakter als Träger einer bestimmten Kultur- und Geisteshaltung beimessen zu können. Durch das Erlernen dieser Sprache konnte man an der ihr im-

Der Renaissance-Humanismus zeichnet sich durch eine vertiefte Beschäftigung mit dem klassischen und dem christlichen Altertum aus; er war eine auf deren Ideale zielende Bildungsbewegung, die das religiöse, politische und gesellschaftliche Leben seit dem 14. Jahrhundert in Italien und dann in Mitteleuropa formte, sich bald als Bildungsmacht verselbständigte und die gesamte Fülle des Daseins umfaßte. Die Antike wurde als ein Maßstab menschlichen Tuns angenommen, auch ihre ästhetischen und stilistischen Kategorien wurden übernommen. «Es ging den Humanisten darum, im Rückgriff auf altes, vorrangig antikes Wissen im Bewußtsein der Würde und Verpflichtung des Menschen als ein Ebenbild Gottes, neues Wissen, neues Bewußtsein und neue Weisheit zu schaffen, die den Menschen ethisch reifer machen und Gott näherbringen sollte.»
(Dieter Wuttke)

Cripturus igitur/quibus fulgoribus mu-
tieres claruerint infignes/ a matre omniu
fumpfiffe exordium/ non apparebit in dig-
num. Ea quippe verutiffima parens / vri
prima fic magnificis fuit infignia fplen-
doribus.Nam non in hac erumnofa mife-
riarum vallerin qua ad labore ceteri mor-
tales nafcimur pducta eft/ nec eodem maleo
aut incude etia fabre fcta/ feu eiulans na-
fcendi crimen deflens / aut inualida ceterop ritu venit
in vitam/quinimo (qo nemini vn qm alteri contigiffe
auditum eft) cum iam ex limo terre rep omnium faber
optimus/ Adam manu copegiffet ppria/ ez ex agro cui
poftea Damafcenus inditum nomen eft/ in otro delici-
arum tranftuliffet/ eum in foporem foluiffet placitum/
artificio fibi tm cognito/ex dormientis late eduxit eam
dem fui compotem/ez maturam viro/ez loci amenitate
atq; factoris letabunda intuita/in mortalem/ ez rerum
dominam/ atq; vigilantia iam viri fociam / ez ab eode
Euam etiam nominatam.Quid maius/ quid fplendi-
dius potuit vn qm cotigiffe nafcenti?Preterea hanc ar
bitrari poffum? corporea formofitate mirabilem quid
enim dei digito fcm eft/ qo cetera non excedat pulcri-
tudine.Et q muis formofitas bec/annofitate perita fit/
aut medio in etaris flore/ paruo egritudinis in pulfu
lapfura/tn quia inter pcipuas dotes fuas mulieres nu
merat/ez plurim m ex ea glorie/ mortalium in difcreto
iudicio)iam confecute funt non fuperflue inter clarita
tes earum tan qm fulgor pcipuus ez appofita eft/ ez in
fequentibus apponenda veniet.Dec infuper tam iure
originis qm incolatus padifi ciuis fcta/ez amicta fplen
dore nobis incognito dum vna cum viro loci delicijs

pliziten Weisheit teilhaben. Im Sprachverfall sahen sie dagegen
die allgemeine geistige Dekadenz und verwiesen auf Asien und
Afrika am Ende des Römischen Reiches. So wie die Pflege des
Lateins für die italienischen Humanisten zu einer nationalen
Aufgabe wurde, um an die einstige Größe Roms wieder anzu-
schließen, so hoffte auch Celtis, daß es ihm gelingen könnte,
die dem Latein innewohnende Weisheit ins Deutsche Reich zu

tragen und den Gelehrten dort die Gelegenheit zu geben, selbstbewußt eine Gleichstellung mit den gebildeten Völkern anzustreben. In der schon erwähnten Ode beschreibt nun Celtis, auf welchem Wege es möglich ist, die geistige Verspätung Deutschlands zu überwinden: allein durch die technische Erfindung Gutenbergs, die es erlaube, «feste Typen aus Erz zu formen und die Kunst zu lehren, mit umgekehrten Buchstaben zu schreiben»[49] – dies ist eine ebenso knappe wie sinnige Beschreibung der neuen Technik. Anthologien und Editionen antiker Texte, philologisch korrekt, angemessen gestaltet und erschwinglich, könnten dieses Ziel erreichen helfen.

Erasmus von Rotterdam äußerte sich mit vergleichbarer Wertschätzung wie Celtis über die Chancen des Buchdrucks für die Bildung des Volkes. So beklagt er in einem Brief an den elsässischen Theologen Johannes Botzheim (um 1480–1524) die geistige Verspätung nördlich der Alpen: «Als ich ein Knabe war, begannen die ‹guten Wissenschaften› in Italien wieder aufzublühen. Aber entweder weil die Buchdruckerkunst noch nicht erfunden worden war oder weil sie noch zuwenig bekannt war, bis zu uns gelangten keine Bücher, und in absoluter Ruhe führten überall die das Zepter, welche die ungebildetste Bildung dozierten […].»

Nach dem Bekanntwerden der Buchdruckerkunst nutzten nach Meinung des Erasmus die Italiener die neue Technik konsequenter und sinnvoller. In seinen «Adagia» forderte er deswegen ihre öffentliche Unterstützung auch diesseits der Alpen: «Würden unsere Fürsten […] den wissenschaftlichen Bestrebungen mit ähnlicher Aufgeschlossenheit gegenüberstehen wie die italienischen, so stünden die Schlangen Frobens im buchhändlerischen Erfolg dem Delphin des Aldus nicht nach. Aldus hat unter dem Motto ‹Eile mit Weile› nicht weniger Geld als Ruhm erworben, beides übrigens verdientermaßen. Froben aber, der den Stab immer aufrecht hält und kein andres Ziel vor Augen hat als das Gemeinwohl, ist, da er von der Einfalt der Tauben nicht abgehen will und die Klugheit der Schlangen mehr in seiner Druckermarke bekundet als bei seiner Handlungsweise, eher berühmt als reich geworden.»[50]

Erasmus spielt damit auf die Druckermarken der bedeutenden Drucker Aldus Manutius in Venedig und Johann Froben (1460–1527) in Basel an, die für die Verbreitung seiner Schriften, aber auch für die Verbreitung der Texte der Antike im Geist des Renaissance-Humanismus Erhebliches geleistet haben.

Die in der Inkunabelzeit am häufigsten gedruckten antiken Texte sind die Schriften Ciceros. Die Hälfte der 316 nachgewiesenen Ausgaben stammt aus Italien, aus den großen Druckerstädten Rom, Venedig, Mailand oder auch Parma. Dabei überwiegen die Ausgaben der Briefe und der rhetorischen Werke, die als neues Kunst- und Stilideal gefeiert wurden. Von den römischen Dichtern findet man achtzig Ausgaben Ovids, darunter aber mehr als die Hälfte Ausgaben der «Epistolae heroidum», die als Schulbuch Verwendung fanden.

Weit verbreitet waren daneben die Komödien des Terenz, die ab 1470 durch Johannes Mentelin auch im Deutschen Reich angeboten wurden. Johannes Grüninger (1455–1533) brachte in Straßburg 1496 eine lateinische und 1499 eine reich illustrierte deutschsprachige Terenz-Ausgabe heraus. Ihr ging eine bei Johann Trechsel (gest. 1498) in Lyon 1493 gedruckte Terenz-Ausgabe mit 159 Holzschnitten als besondere Leistung französischen Buchdrucks voraus. Die Ausgabe Grüningers ist nicht nur für die Textkritik und die Geschichte der Buchkunst von großer Bedeutung, sondern ebenso für die Theaterwissenschaft und die Kostümgeschichte. Der Titelholzschnitt ist die erste Darstellung einer «Terenzbühne», eines gotischen Komödienhauses, und die seitengroßen Szenenbilder zu Beginn jeder Komödie zeigen erstmals dramatische Charaktere in der Buchgraphik. Text und begleitender Kommentar sind zweispaltig gesetzt und mit 158 Textholzschnitten anschaulich illustriert.

Bei Johann Grüninger erschien 1498 auch eine reich mit Holzschnitten ausgestattete Ausgabe des Horaz, herausgegeben von Jakob Locher. Petrarca zählte den Dichter der «Oden» zu seinen Lieblingsautoren; Landino hatte 1482 einen ersten humanistischen Kommentar zu Horaz publiziert, dem rasch mehrere folgten. Für die deutschen Humanisten entdeckte Conrad Celtis 1486 Horaz, als er in seiner «Ars versificandi» die horazischen Metren einführte.

Die Schriften Vergils nehmen eine quantitative Sonderstellung ein, sie wurden bereits in der Antike – auf besonderen Wunsch von Kaiser Augustus – zunächst in Papyrusrollen weit verbreitet und im 4. nachchristlichen Jahrhundert in Pergamentcodices übertragen. Acht Codices, mehr als von jedem anderen antiken Autor, sind aus der Spätantike erhalten geblieben. Nachdem etwa fünfzig Generationen die Texte immer wieder abgeschrieben hatten, erschien 1469 in Rom die erste Ausgabe im Druck. Seitdem verging kaum ein Jahr, in dem nicht mindestens eine Vergil-Ausgabe erschien, zwischen 1469 und dem Ende der Inkunabelzeit liegen allein 81 Drucke der «Opera omnia». Die «editio princeps» besorgte Giovanni Andrea dei Bussi bei den deutschen Druckern Konrad Sweynheim und Arnold Pannartz in Rom; sie enthielt die in der Handschriftenüberlieferung des Mittelalters üblichen Beigaben, die «Vita» des Donatus, die Gedichte der «Appendix Vergiliana» und weitere ihm zugesprochene «opuscula». Seit 1475 wurde zumeist der Kommentar des Servius mitgedruckt. Bei der Anordnung des Kommentars im Druck orientierte man sich, wie auch sonst, am Vorbild der Handschriften: Der Haupttext wurde vom Kommentar eingerahmt, der in einem kleineren Schriftgrad gesetzt wurde. Die heute übliche Form, den Kommentar unter den Text zu stellen, setzte sich erst im 17. Jahrhundert durch.

Aber es erschienen nicht nur die Werke der antiken Literatur, sondern auch der Rechtsprechung und der Naturwissenschaften. Am 24. Mai 1475 beendete Peter Schöffer bereits den Druck der «Institutiones Justiniani», im Satzbild wiederum den Handschriften nachempfunden: den Text in größerem Schriftgrad, vom Kommentar im kleineren Schriftgrad umgeben. Das Gesamtverzeichnis der Wiegendrucke (GW) verzeichnet danach etwa 200 Ausgaben des «Corpus Iuris Civilis»; die meisten Editionen erschienen in Venedig, aber auch

Codex Justinianus, 1475 in Mainz gedruckt von Peter Schöffer

Hartmann Schedel: Weltchronik. Nürnberg 1493.
Die Geburt der Eva

Heinrich Eggestein (um 1420–1488) in Straßburg oder Anton
Koberger (gest. 1513) in Nürnberg druckten Ausgaben des
Römischen Rechts.

Die «Historia naturalis» von Gaius Plinius Secundus
(23–79), ein Kompendium antiker Physik, Mathematik, Medizin, Zoologie, Geographie und Astronomie, erschien bereits
1469 in Venedig bei Johann von Speyer und wurde bis 1500
fünfzehnmal nachgedruckt. Diese enzyklopädische Natur-
kunde war das ganze Mittelalter über präsent, über 200 Hand-

Zu den bekanntesten Inkunabeln gehört die «Weltchronik» des Nürnberger Stadtarztes Hartmann Schedel. Etwa 1400 Exemplare der lateinischen und etwa 700 der deutschen Ausgabe wurden 1493 in Nürnberg bei dem Großverleger Anton Koberger hergestellt. Bekannt ist die Chronik durch ihre zahlreichen, häufig erstmaligen Stadtansichten im Holzschnitt. Sie sind allerdings nur zu einem geringeren Teil authentisch, zum Beispiel muß ein Holzstock für Mainz, Neapel, Aquila, Bologna und Lyon herhalten. Andere Abbildungen, wie etwa die von Regensburg oder Nürnberg, sind wegen ihrer detailgetreuen Darstellung bis heute geschätzt. Michael Wohlgemut und sein Stiefsohn Wilhelm Pleydenwurff schufen in ihrer Werkstatt die Holzschnitte, und da bei ihnen in den Jahren 1486 bis 1489 auch Albrecht Dürer lernte, wird immer wieder spekuliert, daß der junge Dürer an den Vorzeichnungen der Illustrationen dieser Weltchronik beteiligt war.

Hartmann Schedel gliederte seine Chronik gemäß der Schöpfungsgeschichte in sieben Abschnitte. Das erste Weltalter gibt die Schöpfungsgeschichte wieder, das zweite Weltalter beginnt mit dem Bau der Arche Noah und endet mit dem Auszug Loths aus dem zerstörten Sodom. Das dritte Weltalter enthält die Geschichte Abrahams, Moses, Josephs und des Königs Saul. Hier werden die Städtebeschreibungen von Paris, Mainz, Venedig und Padua eingefügt, da Schedel diese Gründungen auf die Trojaner zurückführt.

Das vierte Weltalter beginnt mit König David und Salomo und endet mit der Zerstörung Jerusalems. Hier fließt die Geschichte Roms ein mit weiteren Exkursen zu antiken Dichtern und Philosophen. Das fünfte Weltalter reicht dann von der babylonischen Gefangenschaft bis hin zur Enthauptung von Johannes dem Täufer. Das sechste Weltalter beginnt mit der Geburt Christi und endet in der Gegenwart, umfaßt also 1500 Jahre; es ist daher das umfangreichste Kapitel mit über 300 Seiten. In diesem Kapitel befinden sich die meisten der authentischen Stadtansichten in der Reihenfolge ihrer Gründungsdaten: Regensburg, Wien, Nürnberg, Metz, Genf, Konstantinopel, Budapest, Straßburg u. a. Das siebente Weltalter enthält wiederum heilsgeschichtliche Betrachtungen vom Ende der Welt, korrespondiert also mit der Einleitung.

schriften haben sich bis heute erhalten. Vor allem in Italien fanden auch die medizinischen Werke des griechischen Arztes Galen (129–199) Interesse: Einige Schriften in lateinischer Übertragung erschienen in der Sammlung «Articella», eine größere Auswahl 1490 in Venedig sowie 1500 eine griechische Ausgabe der «Therapeutica». Diese Ausgaben begründeten im 16. Jahrhundert eine philologisch-literarische oder auch «humanistische» Medizin die sich an der Devise «Ad fontes» – «Zu den Quellen» – orientierte und versuchte, das ärztliche

Wissen der Antike, namentlich des griechischen Altertums, für die Gegenwart nutzbar zu machen.

Aber nicht nur Editionen bedeutender Werke der Antike, sondern auch in ihrem Geist geschriebene Texte in der Volkssprache sind für die letzten Jahrzehnte des 15. Jahrhunderts kennzeichnend, so zum Beispiel die italienischen Erzählungen und Novellen, die sich rasch auch in deutschen Übersetzungen verbreiteten. Wie die humanistischen Gelehrten Rudolf Agricola, Conrad Celtis oder Peter Luder, geprägt durch ihre Italienerfahrungen, zu Protagonisten humanistischer Ideen und neulateinischer Literatur wurden und sie in den von ihnen gegründeten «Sodalitäten» im Deutschen Reich verbreiteten, so wurden auch die frühesten Vertreter volkssprachiger humanistischer Literatur durch persönliche Kontakte zu italienischen Humanisten in ihrer Einstellung bestimmt.

Zwei Gelehrte, die humanistisches Gedankengut – jeder auf seine spezifische Weise – in deutscher Sprache in der zweiten Hälfte des 15. Jahrhunderts propagierten, waren der Ulmer Arzt und Schriftsteller Heinrich Steinhöwel (1411–1479) und der Kanzler des Grafen Ulrich von Württemberg, Niklas von Wyle (1415–1479). Sie wurden gleichzeitig die ersten bedeutenden literarischen Übersetzer im deutschen Sprachraum. Steinhöwel brachte ab 1471 in Augsburg bei Günther Zainer und ab 1475 in Ulm bei dessen Bruder Johann sein gesamtes Werk planvoll zum Druck. Im Buchdruck treffen beide Autoren auch unmittelbar aufeinander: Steinhöwels lateinisch-deutsche Ausgabe des «Aesopus», 1476 gedruckt in Ulm bei Zainer, enthielt im Anhang die Novelle «Guiscardus und Sigismunda», die zweite «Translation» von Wyle aus dem italienischen «Decamerone» Giovanni Boccaccios (1313–1375), vermittelt durch Leonardo Brunis (1369–1444) Übersetzung in das Lateinische.

Mit der Drucklegung seiner «Translation oder Tütschungen» in Esslingen 1478 wandte sich Wyle mit neuen humanistischen Leitbildern an die literarische Öffentlichkeit: Der durch Bildung qualifizierte Fürst und die ihm ebenfalls durch Bildung ebenbürtige adelige Dame standen im Zentrum seiner

Übersetzungen. Prägend für Wyle war seine enge persönliche Beziehung zu und seine Korrespondenz mit Enea Silvio Piccolomini während dessen Tätigkeit im Dienste Kaiser Friedrichs III. in Wien, bevor er 1458 als Pius II. zum Papst gewählt wurde. Piccolominis Briefe und Abhandlungen wurden zeitgenössisch ebenso als Stilmuster rezipiert wie als gedankliche Anregungen und Auseinandersetzungen mit dem italienischen Renaissance-Humanismus. Wyle war wie alle Gelehrten seiner Zeit zweisprachig, Latein verwendete er allerdings nur in seinen Briefen. Er war einer der wichtigsten Vermittler humanistischen Gedankengutes im deutschen Sprachraum.

An seinem Hauptwerk, den «Translatzen», arbeitete Wyle zwischen 1461 und 1478; es handelt sich um eine Sammlung von achtzehn Erzählungen italienischer Autoren des Humanismus: Poggio (Giovanni Bracciolini), Enea Silvio Piccolomini, Leonardo Bruni, Francesco Petrarca, Nicolasia Sanuda, Gasparino Barzizza und Buonaccorso da Montemagno. Diese Texte kursierten vielfach in Handschriften, wurden aber seit 1476 dank Wyles Übertragungen und der Drucklegung in Einzeltexten zu den gefragtesten deutschen Lesestoffen überhaupt. Wyle bemühte sich in seinen Übersetzungen, die deutsche Sprache dem Stilideal des Lateins anzugleichen und die lateinische Vorlage möglichst getreu zu wiederholen. Seine eng an lateinischer Syntax und Wortstellung angelehnte deutsche Sprache konnten daher nur die am Lateinischen geschulten, gebildeten Leser verstehen. Einige der Übersetzungen enthalten spezifisch humanistische Programmatik, vor allem die zehnte «Translatze», ein Erziehungstraktat, den Enea Silvio Piccolomini 1443 für den sechzehnjährigen Herzog Sigmund von Tirol verfaßt hatte. Wyle widmet diesen Lehrbrief und Fürstenspiegel seinerseits dem Markgrafen Karl von Baden und empfiehlt ihn für die Erziehung seiner drei Söhne. Sie sollten sich den klassischen Studien zuwenden und die dabei erworbenen theoretischen und praktischen Kenntnisse gut nutzen.

Die sechzehnte «Translatze» ist eine Ruhmrede auf die Frauen, deren Tugenden und Weisheit er lobt; er übernimmt die Beispiele der weisesten, gelehrtesten und gebildetsten

Frauen aus seiner Vorlage von Nicolasia Sanuda und ergänzt sie um eigene Beispiele bedeutender Frauen seiner Zeit, etwa der Gräfin Mechthild von Württemberg.

Konsequenter als Niklas von Wyle plante der Ulmer Stadtmedicus Heinrich Steinhöwel in seiner ab 1471 belegbaren Zusammenarbeit mit den Druckern Günther und Johann Zainer in Augsburg und Ulm die öffentliche Verbreitung seiner Übersetzungen. Steinhöwel hatte Johann Zainer aufgefordert, in Ulm eine Offizin einzurichten, und unterstützte ihn zeitlebens finanziell, gleichzeitig bestimmte er sein Verlagsprogramm mit. Zu seinen erfolgreichsten Übersetzungen gehörte die Novelle «Griseldis» aus dem «Decamerone» Boccaccios; Steinhöwel lernte sie in einer lateinischen Bearbeitung von Francesco Petrarca mit dem aussagekräftigen Titel «De oboedientia et fide uxoris» (1373) kennen. In dieser weitverbreiteten Novelle wird die Geschichte eines armen Bauernmädchens erzählt, das von einem Fürsten geheiratet und verschiedenen Gehorsamkeitsprüfungen unterzogen wird. Steinhöwels recht freie Übersetzung wurde 1471 bei Günther Zainer in Augsburg gedruckt und noch im gleichen Jahr zweimal nachgedruckt; 1473 erschien bei Johann Zainer in Ulm eine reich illustrierte Ausgabe; bis zum Jahr 1500 schlossen sich weitere zehn Neuauflagen an.

Das umfangreichste Werk Steinhöwels war die lateinischdeutsche Ausgabe der spätantiken Fabeln des Aesop, die er 1476 bei Johann Zainer in einem reich illustrierten Folioband herausbrachte. Dieser Sammelband enthält die mittelalterliche Aesop-Überlieferung, angereichert um eine jüngere humanistische Fabelsammlung des Rinuccio da Castiglione aus Mailand (1471) und einige «Facetien» des Poggio (vgl. Abb. S. 113). Steinhöwel stellt diesen lateinischen Texten seine freie deutsche Prosaübersetzung gegenüber. Die zweisprachige Ausgabe mit über 200 Holzschnitten macht diesen Druck zu einem besonders prachtvollen Beleg der Rezeption spätantiker und humanistischer Fabeln.

Poggy florentini Oratoris eloquentiſſimi · ac ſecretary
apſici · facetiaꝛ liber incipit feliciter · ❧ Prefatio

Vltos futuros eſſe arbitror qui has nřas
confabulationes cum ut res leues & uiro
graui indignas deprehendāt · tum ut in
eis ornatiore dicendi modum & maiore
eloquentiam requirant · quibo ego ſi reſ
ſpondeā legiſſe me noſtros maiores pruſ
dentiſſimos ac doctiſſimos uiros facetys iocis & fabulis
delectatos non repſhenſionem ſed laudem meruiſſe · ſatiſ
mihi factum ad illoꝛ exiſtimatione putabo · Nā qui mihi
turpe eſſe putem ac in re quandoquidē in ceteris nequeo
illoꝛ imitatione ſequi · & hoc idem tempus quod reliqui
in circulis & cetu hominū confabulando conterūt in ſcriſ
bendi cura conſumere · pſertim cum neꝗ inhoneſtus labor
ſit & legentes aliqua iocunditate poſſit afficere · Honeſtū
eſt eñi ac ferme neceſſariū certeꝗ ſemp ſapientes laudarūt
mentē noſtrā varyꝗ cogitationibo ac moleſtyꝗ oꝓꝓreſſam
recreari quandoꝗ a cōtinuis curis · & eā iocandi genere
ad hilaritatem remiſſionemꝗ conuerti · Eloquētiam vero
in rebo infimis vel in yꝗ in quibo ad verbum vel facetie exſ
primende ſunt vel alioꝛ dicta rᵉferanda querere hominis
nimiū curioſi eſ uideſ · Sꝛut eñi quedā ꝗ oznatius neꝗunt
deſcribi cū ita recenſenda ſint quᵉadmodū ea ꝓtulerūt
hy qui in cōfabulationibo coniciunſ · Exiſtimabūt aliqui
forſan hanc meā excuſatione ab ingeny culpa eſſe ꝓfectā
quibo ego quoꝗ aſſentior modo ipſi eadem oznatius poliſ
tiuſꝗ deſcribant · quod ut faciāt exhortor quo lingua laſ
tina etiā leuiori in rebo hac noſtra etate fiat opulentior ·
Proderit eñi & ad eloquentiam & doctrinā ea ſcribendi
exercitacō · Ego quidē expiri volui an multa ꝗ latine dici
difficulter exiſtimanſ non abſurde ſcribi poſſe uiderenſ

Poggio: Facetiae. Gedruckt bei Anton Koberger
in Nürnberg um 1472; Blatt 2 recto: Vorrede mit blauer
Initiale M auf Goldgrund

BUCHDRUCK UND REFORMATION

«Doctor Martinus Luther sprach: Die Truckerey ist *summum et postremum donum*, durch welches Gott die sache deß Evangelii fort treibet. Es ist die letzte Flamme für [vor] dem Auslöschen der Welt.» Mit dieser enthusiastischen Beurteilung der Buchdruckerkunst schließt Johannes Aurifaber 1566 seine «Tischreden oder Colloquia Doctor Martin Luthers», in denen er die reformatorischen Ideen mit anschaulichen Exempeln in populärer Form weitergibt. Aurifaber (1519–1575) erkennt mit diesem eingängigen Diktum Luthers die wichtige Rolle des Buchdrucks für die Verbreitung der reformatorischen Lehre und vor allem der Heiligen Schrift an.

Die Geschichte der Buchdruckerkunst ist untrennbar mit der Verbreitung der Heiligen Schrift verbunden: Wie wir gesehen haben, druckte Johannes Gutenberg zu Beginn der fünfziger Jahre die seit der Spätantike übliche lateinische Bibelübertragung des hl. Hieronymus, die «Vulgata», opulent in einer prachtvollen Textura. Im 15. Jahrhundert wurden insgesamt 94 Gesamtausgaben der «Vulgata» gedruckt, davon 22 in Anlehnung an die Gutenberg-Bibel.

Deutsche Bibeln vor Luther

Straßburg	1466	Johannes Mentelin
Straßburg	1470	Heinrich Eggestein
Augsburg	1475	Günther Zainer
Augsburg	1475	Jodokus Pflanzmann
Nürnberg	1476/78	Johann Sensenschmidt
Augsburg	1477	Günther Zainer
Augsburg	1477	Anton Sorg
Köln, niedersächsisch	1478	Bartholomaeus von Unkel
Köln, niederrheinisch	1478	Bartholomaeus von Unkel
Augsburg	1480	Anton Sorg
Nürnberg	1483	Anton Koberger
Straßburg	1485	Johannes Grüninger
Augsburg	1487	Johann Schönsperger
Augsburg	1490	Johann Schönsperger
Lübeck, niederdeutsch	1494	Lübecker Bibel
Augsburg	1507	Johann und Silvan Otmar
Augsburg	1518	Johann und Silvan Otmar
Halberstadt, niederdeutsch	1522	Halberstädter Bibel

Auch der früheste, undatierte Straßburger Druck war eine 49zeilige «Vulgata», das Exemplar der Universitätsbibliothek in Freiburg wurde in den Jahren 1460 und 1461 rubriziert. Es stammte von dem Straßburger Erstdrucker Johannes Mentelin. Mentelin kam aus Schlettstadt, wo er als «Goldschreiber» und Notar beurkundet ist. Um 1447 hat er das Bürgerrecht in Straßburg erhalten und wohl ab 1458 dort gedruckt. 1466 gab er die erste vollständige deutschsprachige Bibel heraus, die auf einer verlorenen, damals über einhundert Jahre alten Übersetzung beruhte. Sie schloß sich eng an die lateinische Vorlage an, so daß der deutsche Text eigentlich nur verstanden werden konnte, wenn man auch die lateinische Grammatik beherrschte. Zudem waren auch Wörter und Wortformen bereits veraltet.

Trotz seiner veralteten Sprache wurde dieser Bibeltext bis 1518 insgesamt dreizehnmal, darunter neunmal allein in Augsburg, nachgedruckt. In der zweiten und dritten Ausgabe, 1470 bei Heinrich Eggestein in Straßburg und 1475 bei Jodokus Pflanzmann in Augsburg, wurden vereinzelte ungebräuchliche Wörter ersetzt, erst die 4. Ausgabe, um 1475 bei Günther Zainer in Augsburg hergestellt, wurde einer gründlichen Textrevision anhand der «Vulgata» unterzogen. In der Verlagsanzeige von 1476 (einer der ersten gedruckten Buchhändleranzeigen überhaupt) wirbt Zainer damit: «Das buch der teutschen Bibel mit figuren mit größtem fleiß corrigiert vnd gerechtgemacht. Also daz alle frembde teutsch vnnd vnverstendtliche wort, so in den erstgedruckten klainen bybeln gewesen, gantz ausgethan, vnd nach dem latein gesetzt vnd gemacht seind.»

Neben der Besserung und Modernisierung des Textes gab Zainer zum erstenmal einer deutschen Bibel Illustrationen bei, 73 Bildinitialen zu Beginn jedes biblischen Buches; sie illustrieren 45 biblische Szenen oder zeigen Autorenbilder und die Übergabe der apostolischen Briefe. Zainers ausgefeilte Gotico-Antiqua schafft ein sehr ruhiges und ausgewogenes Gesamtbild, zu dem wiederum die freie Stellung der Kolumnen mit dem breiten Zwischenschlag beiträgt.

Von dieser Art illustrativem Buchschmuck hin zu erzählenden Holzschnitten, die die Christen nicht nur erbauen, sondern auch zur Bibellektüre anregen und das Verständnis erleichtern sollten, führen zwei niedersächsische beziehungsweise niederrheinische Bibeln, die um 1478 in Köln erschienen und wahrscheinlich von Bartholomaeus von Unkel im Auftrag eines Verlegerkonsortiums der Herren Johann Helmann und Arnold Salmonster aus Köln und von Anton Koberger aus Nürnberg gedruckt wurden. Die niedersächsische Ausgabe hat 113 Abbildungen, die niederrheinische 123. Die Holzschnitte wurden namentlich bei den «Autorenbildern» (Evangelisten, Propheten und Apostel) von Zainers Ausgabe beeinflußt, schlossen sich aber auch an Miniaturen aus Bibelhandschriften und Historienbibeln aus dem kölnisch-niederländischen Raum an.

Der deutlich narrative Charakter der Illustrationen und ein ausführliches Vorwort, das jeden Christen zur Bibellektüre ermuntert, zeigen die neue Absicht der «devotio moderna», auch dem Laien das Wort Gottes nahezubringen. Die Herausgeber waren wohl die Brüder vom Gemeinsamen Leben und Kölner Kartäuser, die sich in der Vorrede auf die überlieferten Bilddarstellungen in Klöstern und Kirchen beriefen, die nun ebenso der Unterrichtung der Gläubigen dienen sollten. Die Übertragung aus dem Lateinischen in die beiden Dialekte, die im Bistum Köln gesprochen werden, bezeugt auch die Aktualität dieses Vorhabens. Die beherrschenden, zweispaltigen Holzschnitte prägen das Bild dieser Bibeln, die durch weitere kunstvolle Randleisten geziert wurden.

Die Abbildung S. 108 zeigt den Anfang der Genesis mit der Schöpfungsgeschichte und der Erschaffung Evas aus einer Rippe Adams. Dieses aus der Buchmalerei der Handschriften übernommene Bildmotiv wurde im Holzschnitt höchst populär und in zahlreichen anderen Bibeln, aber auch in Enzyklopädien (wie hier in der Schedelschen Weltchronik) weiterverbreitet.

Der Mitgesellschafter der Kölner Bibel, der Nürnberger Großverleger Anton Koberger, hatte die Holzstöcke in Köln er-

hundert vnd zwelff iar vnd starb.Enos aber se
bet.lrrr.iar vñ gepar caynan.nach Ses gepurd
sebet er achthundert vnd fünffzehen iar vñ ge
par sün vnd töchter.vnd alle Sye tag enos seyn
worden newnhundert vnd fünff iar vnd starb.
Vnd caynan lebet sibentzig iar vnd gepar ma
salschel.vnnd caynan sebet Sarnach.So er gepar
masalschel achthundert vñ viertzig iar vñ gepar
sün vñ töchter.vnd alle Sie tag caynan wurden
newnhundert vnd zehen iar vñ starb.Wañ ma
salschel sebet fünff vñ sechtzig iar vnd gepar ia
red . vnnd masalschel sebet Sarnach . So er ge
par iared achthundert vñ Sreyssig iar.vñ gepar
sün vñ töchter.vnd alle Sie tag masalschel wur
Sen achthundert vñ fünff vñ newntzig iar vnd
starb. Vñ iared sebet hundert vñ zwey vñ sech
tzig iar.vñ gepar enoch.vñ iared sebet Sarnach
So er gepar Enoch achthundert iar vnd gepar
sün vnd töchter vnd alle Sie tag iared seyn wor
Sen newnhundert vnd zwey vñ sechtzig iar vnd
starb.aber enoch sebet fünff vnnd sechtzig iar

vñ gepar mathusolé .vñ enoch gieng mit got.vñ
enoch sebet Sarnach So er gepar matusalé Srey
hundert iar vñ gepar sün vnd töchter vñ alle Sy
tag enoch wurde gemacht Sreyhñdert vñ fünff
vñ sechtzig iar.vñ er gieng mit got vñ erschyn
nit.wañ got Ser nä oSer erhube in.Vñ matusa
sem sebet hundert vnd siben vñ achtzig iar. vnd
gebar samech vñ mathusalé sebt Sarnach So er
gepar samech sibenhundert vñ zwey vñ achtzig
iar.vnd gepar sün vnd töchter.vnd alle Sye tag
matusalé wurden newnhundert vnd newn vnd
sechtzig iar.vnd starb.Wann samech sebet hu
Sert vnd zwey vnd achtzig iar.vnd gepar eynen
sün.vñ hiesz sei namé noe sagend.Ser wirt vnß
tröstë vo Se arbeitë vñ vo Se wercke vnser hend
i Ser erde.Ser.Ser.Sers hat geslücht.vnd samech
sebt Sarnach.So er gebar noe fünff hüSert vñ
fünf vñ neuntzig iar vñ gepar sün vñ töchter.vñ
alle Sy tag samech wurde sibenhüdert vñ sibe vñ
sibentzig iar vñ starb.Wloe aber So er alt ward
fünf hüSert iar So geBar er sem cham vñ iaphet

Das .VI. Capitel.wie
got Ser herr vmb Boßheit willen Ser menschen
Sie werlt ströff vergeen in Sem wasser vnd hreß
noe ein archen machen sich vnd Sie seynen Sar
zu zuenthalten.

NVS So Sye menschen
hette angefange maniqualtig zewer
Se auf Ser erde vñ hette gebom töch

ter.Sie sün gots sahë Sy töchter Ser menschen
Sz sy ware schön sy name in weyber auß alle Se
Sie sy erwelten.Vñ got Ser sprach.Wein geist
wirt nit Beleybe in Sen mensche ewiglich.wañ
er ist flersch.Vnnd seyn tag werSen zwaintzig
vñ hüdert iar.Vñ i Sé tage ware ryfen auf Ser
erde.Vñ Sarnach So Sy sün gottes ware einge
gange zu Ser töchtern Ser mësch.vñ Sy gebaré
Siß seiñ Sy gewaltige vo Ser welt Ser berümte
mañ.So aber got sah Sz vil vbehs Ser mensche

worben und ließ davon 109 in seiner Bibel vom Jahre 1483 ein-
drucken und sie dann gleich in seiner Werkstatt kolorieren.
Der Text beruhte auf Zainers Ausgabe, wurde aber wiederum
nach der «Vulgata» gebessert. In seinem Kolophon, Blatt 586
verso, weist Koberger extra darauf hin: «Gegen den latey-
nischen Text gerechtfertigt [...] und mit schönen figuren».
Koberger verfügte über weitreichende Geschäftsbeziehungen
in Europa und hat offensichtlich eine sehr hohe Auflage gedruckt. Als Schrift verwendet er eine ausgeprägte Druckbastarda, die noch Berührungen zur oberrheinischen Buch-
kursive besitzt, aber bereits eine deutliche Vorform einer in
Nürnberg entstehenden Fraktur darstellt. Damit unterscheidet
sich das Schriftbild schon auffällig von den gleichzeitigen la-
teinischsprachigen Texten in Antiqua (vgl. die Abbildung mit
der Arche Noah, S. 117).

Diese Drucke wurden, den Handschriften vergleichbar,
prachtvoll ausgestattet und auch zu einem hohen Preis verkauft, der den Erwerb durch den «gemeinen Mann» wohl un-
möglich machte. Einfachere «Gebrauchsbibeln» druckten
1507 und 1518 Johann und Silvan Otmar in Augsburg, die
Holzschnitte einer Ausgabe von Johann Schönsperger aus dem
Jahre 1487 übernahmen.

Die Anzahl achtzehn deutschsprachiger Bibelausgaben vor
Luther ist bemerkenswert; wenn ihre Wirkung dennoch ein-
geschränkt blieb, lag dies sicher an den hohen Preisen, dem veralteten Sprachstand und an dem Übersetzungsprinzip «verbum e verbo», das sich eng an die lateinische Vorlage anschloß
und dadurch häufig Verständnisschwierigkeiten und Sinnent-
stellungen erzeugte. Die deutsche Fassung war daher nur
demjenigen verständlich, der ohnehin den lateinischen Text lesen konnte. Da zudem die Kirche den Anspruch erhob, allein
die Heilige Schrift auslegen zu können, fehlte die notwendige
Anregung zum Erwerb der Ausgaben.

Erst der grundsätzlich neue Stellenwert, den Luther der
Heiligen Schrift für das theologische Denken und die kirchliche Praxis zuerkannte, die Grundsätze von der Alleingültig-

keit der Heiligen Schrift in Glaubensfragen und der Mündigkeit der Laien, die selbst die Bibel lesen und zwischen geoffenbarter Wahrheit und verfälschter Praxis der «alten Kirche» entscheiden sollten, sowie die mit sprachschöpferischer Kraft aus den Urtexten gewonnene deutsche Fassung sicherten Luthers Bibelübersetzung eine bis dahin unbekannte Resonanz: Von 1522 bis zum Tode Luthers 1546 erschienen über dreihundert hochdeutsche Bibelausgaben mit einer Gesamtauflage von über einer halben Million Exemplaren – bei dem sich erst entwickelnden Buchmarkt und der geringen Lesefähigkeit eine bis dahin unerreichte Zahl. Ein Drittel der gesamten deutschsprachigen Buchproduktion in der ersten Hälfte des 16. Jahrhunderts entfiel auf Luthers Schriften.

Wenn auch die Verbannung auf die Wartburg und, nach Luthers eigenem Bekunden, eine dringliche Bitte Philipp Melanchthons den Anlaß für die Übersetzung boten, liegen die Ursachen jedoch tiefer. Luthers offenes und deutliches Bekenntnis zur Heiligen Schrift als der höchsten Autorität in Glaubensfragen und sein beharrliches Argumentieren mit der Bibel hatten ein großes Bedürfnis nach einer verständlichen Übertragung geweckt. Im Zentrum seiner Bibelübersetzung stand die humanistische Hinwendung zu den Quellen, den griechischen und hebräischen Urtexten, im Unterschied zu den vorangegangenen Übersetzungen, die sich allein an der «Vulgata» orientiert hatten. Er löste sich von der sklavischen Nachahmung des lateinischen Sprachstils, indem er «nit wort vß wort, sunder sin uß sin» übertrug, wie es Heinrich Steinhöwel für seine Prosaübertragungen bereits im 15. Jahrhundert postuliert hatte. Im «Sendbrief von Dolmetzschen» (1530) greift Luther die «Buchstabilisten» an: «Denn man mus nicht die buchstaben inn der lateinischen sprachen fragen / wie man sol Deutsch reden / wie diese esel thun / sondern / man mus die mutter im hause, die kinder auff der gassen / den gemeinen man auff dem marckt drumb fragen vnd den selbigen auff das maul sehen / wie sie reden / vnd darnach dolmetzschen, so verstehen sie es denn / vnd mercken / das man Deutsch mit jn(nen) redet.»

Zum Beispiel übersetzte er «Ex abundantia cordis os loquitur» nicht wörtlich mit «Aus dem Überfluß der hertzen redet der mund», sondern eingängig «Wes das hertz vol ist, des gehet der mund über» und Mk. 14,4 «Ut quid perditio ista ungenti facta est» nicht mit «Warum ist dise verlierung der salben geschehen?», sondern mit «Es ist schade um die Salbe».

Wenn der Wortsinn der Vorlage nicht durch eine freie Übersetzung wiedergegeben werden konnte (da in der Formulierung der Vorlage «mehr gelegen ist», das heißt ein «feinerer reicherer Sinn» enthalten ist), dann zog er eine wörtliche Übersetzung vor. Oberste Richtschnur war für ihn, die «Meinung» des Textes unverfälscht zu übertragen, und dies mit größter Gewissenhaftigkeit, «auff mein bestes vermügen vnd auff mein gewissen», wie er im «Sendbrief» ausführte. Er ging davon aus, daß die Schrift selbst ihre beste Interpretin ist («scriptura sui ipsius interpres») und daher bei Übersetzungsproblemen vergleichbare Textstellen herangezogen werden müssen. Er überprüfte die einzelnen Verse an der Gesamtaussage der Heiligen Schrift, zu deren Verständnis er, im hermeneutischen Zirkel verfahrend, durch Analyse aller Detailfragen gekommen war, jeweils vom Einzelnen zum Ganzen, vom Buchstaben zum Geist. Das zentrale Beispiel für das Ineinander von sprachlicher und theologischer Argumentation ist seine Übersetzung von Römerbrief 3,28: «So halten wir es nun / das der Mensch gerecht werde / ohn des Gesetzes Werck / alleine durch den Glauben.» Auf die Vorhaltungen, daß das Wort «allein» weder in der griechischen noch in der lateinischen Vorlage zu finden sei, verteidigte sich Luther engagiert, daß nur durch die Einführung von «nur» oder «allein» ein «Hauptstück christlicher Lehre» deutlich formuliert werden könne, nämlich die zentrale Botschaft des Paulus, daß Gott nicht durch gute Werke in seinen Gnadenentscheidungen zu beeinflussen sei.

Die Einfügung modaler Partikeln wie «allein», «doch», «eben», «nur», «nun», «schon» usw. sind für Luthers an der gesprochenen Sprache orientierten Stil typisch. Sie lassen neben dem Satzrhythmus, klingenden Worteinheiten, Wiederholun-

gen und anderen Stilmitteln den Predigtcharakter seiner Übersetzung deutlich werden. Er bemühte sich, das «Evangelium
sprechen zu lassen». An Klangfiguren bevorzugt er Alliteratio-
nen («Der Herr ist mein Hirte», «Dein Stecken und Stab»,
Ps. 23; «Lasset euer Licht leuchten vor den Leuten», Mt. 5,16)
und durch Reim verbundene Wörter («Rat und Tat», Spr. Sal.
8,14, «singen und klingen», Sir. 39,20). Die Suche nach der
optimalen Wortwahl begleitete ihn zeitlebens, und mehrfach
revidierte er seine Übersetzungen; hatte er zunächst in der Pas-
sionsgeschichte formuliert (Mk. 14,33): «und er fing an zu
erzittern und zu engsten», so hieß es 1530: «zu zittern und zu
zagen». Ebenso vermied er den steifen Nominalstil: Lk. 21,16
«und sie werden euer etliche zum Tod helfen» (1520) änderte
er 1530 zu «und sie werden euer etliche töten». Luthers Rin-
gen um das rechte Wort trägt bis in die Gegenwartssprache
Früchte: Wortneuschöpfungen wie «Denkzettel», «Feuer-
eifer», «Herzenslust», «Morgenland» sind noch heute geläufig,
ebenso seine Redewendungen «ein Buch mit sieben Siegeln»
(Offb. 5,1), «seine Hände in Unschuld waschen» (Ps. 26,6), «der
Dorn im Auge» (2. Mos. 33,55) oder «im Dunkeln tappen»
(5. Mos. 28,29).

FLUGSCHRIFTEN

Nicht nur Luthers Bibel und seine reformatorischen Haupt-
schriften wurden publiziert, sondern auch die Texte seiner
Mitstreiter und Befürworter. Zu nennen sind besonders die
Flugschriften in Dialogform von Ulrich von Hutten (1488 bis
1523) oder von Hans Sachs (1494–1576). Die aus der lateinischen Literatur übernommene Dialogform erwies sich mit
ihrem belehrenden Charakter als besonders förderlich für die
Verbreitung der neuen reformatorischen Ideen. Grundfragen
der Theologie werden in einem Rede-und-Antwort-Spiel für
jedermann leicht verständlich diskutiert. Bei Hans Sachs dis-
putieren etwa ein Chorherr und ein Schuhmacher (Nürnberg
1524) miteinander; in diesem Dialog entlarvt sich der Chorherr durch seine eigenen Formulierungen und wird als ober-
flächlich und unreflektiert dargestellt, während der Schuster

«Hans» als bibelfester Gläubiger gezeigt wird. Er behandelt drei Problemfelder, die auch Luther in seinem Aufruf «An den christlichen Adel deutscher Nation» thematisiert hatte: das alleinige Recht des Papstes, die Bibel auszulegen, ein Konzil einzuberufen und die Herrschaft der geistlichen Macht über die weltliche.

Vertreter beider konfessioneller Seiten treten jeweils in diesen Prosadialogen auf und charakterisieren sich darin selbst durch ihre Worte und ihre Handlungen. Dabei werden nicht nur rein theologische Fragen in den Mittelpunkt gestellt, sondern auch die Auswirkungen religiösen Verhaltens für die Lebenspraxis, etwa in Dialogen über den Wucher, über das falsche Fasten oder über die Unterdrückung und Ausbeutung des Bauernstandes. Die Flugschriften spielen daher auch eine grundlegende Bedeutung in der geistigen Vorbereitung und in der Auseinandersetzung mit dem Bauernkrieg von 1524/25.

Die Reformationspropaganda und die agitatorischen Schriften der «alten», der katholischen, Kirche sind namentlich in ihrer bildlichen Darstellung häufig von großer Drastik. Die sprechenden Holzschnitte machen noch einmal deutlich, daß die Texte in den meisten Fällen durch Vorlesen verbreitet wurden. Ein besonders eindrückliches Flugblatt über die Ausbreitung der evangelischen Lehre ist die wohl in Zürich 1524 gedruckte Schrift von Hans Heinrich Freiermut, die den «Triumphus Veritatis», den «Sick der warheit» darstellt. Auf dem Titelholzschnitt wird – vergleichbar einer Darstellung des Jüngsten Gerichts – der vom Teufel unterstützte Papst von den Engeln aus dem Himmel gestürzt.

In einem zweiten Holzschnitt (siehe oben), von zwei
Holzstöcken gedruckt, wird der Sieg der «evangelischen Wahrheit» durch einen Triumphzug anschaulich gemacht: Patriar-
chen, Propheten und Apostel tragen das in einem Schrein ver-
steckte «Grab der Heiligen Schrift» unter Posaunenschall und
der «Danksagung des gemeinen Volks» in eine Stadt hinein.
Ihnen folgt Ulrich von Hutten mit den gefangenen Klerikern
der alten Kirche, dem Papst und den Bischöfen sowie den
führenden katholischen Theologen. Sie werden satirisch mit
Tiergesichtern dargestellt, so der Franziskaner Thomas Mur-
ner als Kater, Hieronymus Emser als Bock oder Johannes Eck
als ein Schwein (Dr. Eck = Dreck). Dem Siegeswagen Christi gehen Luther und Karlstadt voran. In einer eingängigen bildlichen Formel wird so die Überwindung der alten Kirche und
der Siegeszug des Wortes Gottes gefeiert.

Die Flugschriften der Reformation nehmen in vielen Fällen auch allgemeine, die Zeit bewegende Themen auf, so etwa
die Sorge vor einer großen Sintflut im Jahre 1523. Durch die
Konjunktion der Planeten Saturn und Jupiter im Sternzeichen

Practica vber die grossen vnd ma¬
nigfeltigen Coniunction der Planeten/die im
jar M. D. XXiiij. erscheinen/vñ vnge¬
zweiffelt vil wunderparlicher
ding geperen werden.

Leonhart Eymam.

Auß Kð.Kay.May.Gnaden vnd Freihaiten/Bit sich meniglich/dise meine Pra¬
ctica in zwayen jaren nach zürrucken bey verlieruñg.4.Marck löttigs Golts.

Astrologische Prophezeiung einer Sintflut für das Jahr
1524; Beispiel einer der zahllosen warnenden Flugschriften
des Jahres 1523

Fische war eine – nur alle 960 Jahre auftretende – Sternenkon-
stellation für das Jahr 1524 gegeben, die die Menschen in Europa beunruhigte. Hunderte von Flugschriften sind namentlich
aus Italien und in Deutschland bekannt, die die Furcht vor dieser Konstellation schürten. In der Umbruchsituation der Kirche und im Angesicht der drohenden Gefahr eines Bauernkrie-
ges werden die Ängste in der von uns nebenan vorgestellten
Flugschrift verbunden. Saturn führt mit Sense und Fahne eine
Schar bewaffneter Bauern an, hinter dem gekrönten Jupiter
mit Zepter folgen der Papst und der hohe Klerus. Die Sorge um
ein Auseinanderbrechen von Reich und Kirche, verbunden
mit einem allgemeinen Glauben an Vorzeichen unterschied-
lichster Art, schürte die Unsicherheit der Menschen.

Auch im Bereich der Kartographie schuf der Buchdruck
völlig neue Möglichkeiten. Nachdem in den neunziger Jahren
des 15. Jahrhunderts die ersten Deutschland- und Weltkarten
als Einzelblätter gedruckt wurden, führte besonders das Heilige Jahr 1500 zu einer Massenproduktion von Karten der Pilger-
wege nach Rom. Abbildung S. 126 zeigt den Nachdruck einer
Karte von Erhard Etzlaub von 1501 durch Albrecht Glockendon im Jahre 1533: «Das sein die lantstraßen durch das
Romisch Reych von einem Kunig Reych zu dem andern, dy
an tewtsche lant stoßen, von Meilen zu Meilen mit Punkten
verzaichnet.» Die Straßenzüge kennzeichnete Etzlaub durch
punktierte Linien, die jeweils dem Abstand einer deutschen
Meile, etwa 7,4 Kilometer, entsprachen. Die Karte ist gesüdet,
d. h., das Ziel Rom ist am oberen Rand zu sehen. Nürnberg liegt
etwa im Mittelpunkt des eingezeichneten Straßennetzes. Die
Legende erläutert dem Benutzer, daß die Lage der Städte unter-
einander durch einen aufgesetzten Kompaß abgelesen werden
könnte. Schon zeitgenössisch wurde Etzlaub gelobt, daß er
die Entfernung zwischen den Städten und die Flußläufe sehr
exakt wiedergegeben habe. Übrigens wählte auch Luther für
seine Romreise eine der auf Etzlaubs Karten eingetragenen
Routen.

Romwegkarte Erhard Etzlaubs von 1501. Die nach Süden
ausgerichtete Karte wurde zunächst für die Pilger des
Heiligen Jahres 1500 und dann für Kaufleute und Reisende
von Albrecht Glockendon in Nürnberg in hohen Auflagen
gedruckt (dieses Exemplar 1533)

In den ersten dreißig Jahren des 16. Jahrhunderts erschienen etwa 9000 Flugschriften; mit der Reformation seit 1517 erreichte ihr Anteil ca. 17 Prozent der Gesamttitelproduktion. Von den «12 Artikeln» der aufständischen Bauern können innerhalb eines Jahres über 24 Ausgaben von achtzehn Druckern in fünfzehn verschiedenen Städten nachgewiesen werden. Wenn sich zwischen 1519 und 1522 der Anteil volkssprachiger Texte um das Siebenfache erhöhte, so kann dies auch mit einem deutlich gestiegenen Interesse an Inhalten und einer sich entwickelnden Lesekultur verbunden werden. Selbst wenn die Auflagen von Flugblättern bei 500 Exemplaren ansetzen, ihre Wirkung ist doch ungleich größer, da sie vielerorts in den Gemeinden vorgelesen und diskutiert wurden. Von Luthers reformatorischen Liedern wissen wir, daß sie zunächst in einer Auflage von 400 Exemplaren in alle Städte verbreitet und dort durch das Vorsprechen im Gemeindegottesdienst allen interessierten Gläubigen zugänglich gemacht wurden. Diese Praxis wird durch eine reformatorische Flugschrift aus dem Jahre 1524 besonders plastisch, die mit dem zunächst paradox klingenden Satz beginnt: «Lieber Leser, kannst Du nit lesen, so such Dir einen jungen Mann, der Dir diesen Text vorliest.» Die Verbreitung der reformatorischen Ideen erfolgte durch den Buchdruck, dessen Wirkung durch die Verbreitung der Texte in der Predigt und im Gesang potenziert wurde.

NEWE ZEYTUNGEN

Im Holzschnitt wurden seit Beginn des 15. Jahrhunderts Abbildungen und kürzere Texte auf ein Blatt abgerieben und später gedruckt. Wie wir gesehen haben, wurde diese Technik zur Herstellung von Wallfahrtsandenken, Heiligenbildchen, aber auch für Spielkarten verwendet. Mit der Einführung des Drucks mit beweglichen Typen finden wir zeitgleich typographische Einblattdrucke. Die Kalender wurden mit dem Beginn des Typendrucks zu einem echten Massenartikel. Als Einblattdrucke konnten sie in den Wohnstuben aufgehängt und täglich eingesehen werden. Aus diesem Grunde haben sich nur wenige Exemplare bis in die Gegenwart erhalten. Einige Kalender zeigen nur die Daten und Symbole. Etwa für die Sonn- und Werktage oder für die zum Aderlaß geeigneten Termine, die auch von den nur wenig Lesekundigen gedeutet werden konnten. Daneben finden wir praktische Flugblätter, die auf falsche Münzen hinweisen oder von kriegerischen Ereignissen berichten. Einblattdrucke mit Sensationsnachrichten, Wundergeburten oder Berichten über herrschaftliche Repräsentation nehmen in den achtziger und neunziger Jahren des 15. Jahrhunderts deutlich zu. Nach ihrer Titelseite werden sie «Newe Zeytungen» genannt, wobei der mittelhochdeutsche Begriff «Zeytung» zunächst lediglich «Nachricht» bedeutet, dann aber nach und nach zum Namensgeber für eine eigene neue Mediengattung wurde. In den ersten Zeilen wird oft aufreißerisch von einer «erschrecklichen», «glücklichen» oder «newen» Zeitung gesprochen. Im Unterschied zu der erst im 17. Jahrhundert einsetzenden periodischen Presse, widmen sich diese Blätter nur einem einzelnen Ereignis und zielten jeweils auf ein spezielles Publikum. Die «Zeytung» enthielt meist neben der Nachricht noch einen informativen Holzschnitt. Der Text war oft gereimt, was auf einen mündlichen Vortrag schließen läßt. So berichteten die frühen Zeitungen über Naturkatastrophen (vgl. die Sintflutwarnung S. 124), Rechtsveränderungen oder drohende Kriegsgefahren. In der Vorgeschichte des Dreißigjährigen Krieges spielt zum Beispiel dieses populäre Medium eine wichtige Rolle. Einzelne Herrscher nutzten die

Flugblätter auch zur politischen Propaganda und zur Beein-
flussung der öffentlichen Meinung.

Weitere Kreise als die Zeitungen erreichten die «Feldmären»,
gedruckte Volkslieder, das populärste Nachrichtenmedium
der Zeit. Einige Lieder meist unbekannter Verfasser verraten
eine direkte Abhängigkeit von offiziellen Verlautbarungen
oder sind in Verse umgesetzte Verordnungen. Kaiser Maximilian (1459–1519) ließ aber nicht nur im Inneren des Reiches

Kaiser Maximilian I.

Maximilian I. (1459–1519) war der erste Kaiser, der systematisch alle Vorteile der Buchdruckerkunst für seine Herrschaftsführung einsetzte. Er war
1486 auf dem Reichstag in Frankfurt zum Römischen König erwählt und in
Aachen gekrönt worden. Nach dem Tode seines Vaters, Friedrichs III., 1493
übernahm er das Königsamt und strebte sogleich einen Kreuzzug gegen die
«Ungläubigen» und einen Romzug zur Kaiserkrönung an; beide Ziele ver-
folgte er sein Leben lang vergeblich. Durch die Kämpfe in Oberitalien mehrfach verhindert, ließ er sich im Februar 1508 im Dom von Trient zum «Er-
wählten Römischen Kaiser» proklamieren. In seine Regierungszeit fallen
wichtige, die weiteren Jahrhunderte prägende Entscheidungen, wie die
Reichsreform, die Heeres- und Behördenneuorganisation (Wormser Reichstag 1495) und die Ausweitung der Habsburgischen Heiratspolitik nach Burgund, Ungarn und Polen (mit der Grundlegung der österreichisch-ungari-
schen Donaumonarchie 1515). Kennzeichen seiner Regierungszeit waren die
ständige Bedrohung durch die Türken und das erste Auftreten Luthers auf
dem Augsburger Reichstag 1518, an dem auch die Nachfolge für Maximilians Enkel Karl V. (mit Hilfe der Fugger) entschieden wurde.
Die Künste und die Wissenschaften nahmen in der Ära Maximilians, die die
Humanisten als Beginn der «Goldenen Zeit» feierten, einen deutlichen Aufschwung. Er stand allen technischen, wissenschaftlichen und künstlerischen Neuerungen aufgeschlossen gegenüber und förderte den Buchdruck
ebenso wie den Geschützbau. Sein Interesse am Buchdruck entwickelte sich
in zwei Richtungen: einmal durch die Publikation von Flugschriften zur Be-
einflussung der öffentlichen Meinung und zum aktiven politischen Engage-
ment, zum anderen durch die Erarbeitung umfangreicher Epen zur Steue-
rung seines Nachruhms.

durch gedruckte Flugblätter die politische Meinung beeinflussen, er war auch der Schöpfer einer besonderen Form von psy-
chologischer Kriegsführung. In seinen Auseinandersetzungen
mit der Republik Venedig setzte er in den Jahren 1509 bis 1511

propagandistische Flugschriften in italienischer Sprache ein, die die Untertanen Venedigs gegen die Herrschaft aufwiegeln sollten. Er ließ bei günstigem Wind diese agitatorischen Flugblätter an Ballons hinter die feindlichen Linien treiben und dann von eigenen Bogenschützen abschießen. In wohlformulierter Sprache verspricht er darin Freiheit und Gleichheit und muntert die Bevölkerung auf, sich gegen die «Tyrannen» zu erheben. –

Aus den Flugblättern zu einzelnen Ereignissen entwickelten sich zu Beginn des 17. Jahrhunderts periodische Publikationen, die eine bestimmte Region oder eine bestimmte Lesergruppe mit Informationen versorgen, die dann zunächst ab 1609 wöchentlich («Aviso» in Wolfenbüttel und «Relation» in Straßburg) und ab 1650 täglich («Einkommende Zeitungen» in Leipzig) als Zeitung erschienen.

Ein Blick zurück
auf die Gutenberg-Ära

Die ersten von Gutenberg gedruckten Bücher imitierten die Handschrift, übernahmen die Kolumnenaufteilung, die Rubrizierung und die Schriftarten. Erst nach und nach bildeten sich eigenständige Merkmale wie das zur Werbung verwendete Titelblatt, Seitenzahlen, ein Register etc. heraus. Auch die Inhalte schlossen sich zunächst nahtlos an die Handschriftenära an, die wichtigsten theologischen und gelehrten Schriften wurden in den Druck übernommen, die auch in den Jahrhunderten zuvor im Mittelpunkt des Interesses gestanden hatten. Neue Texte und neue literarische Gattungen, die dann die spezifischen Möglichkeiten des neuen Mediums nutzten wie die Prosaromane in den Volkssprachen, entwickelten sich in der Folge. Umfangreiche Nachschlagewerke, Anthologien, juristische und theologische Texte, Nachrichten über Naturereignisse, Krieg und Frieden auf Flugblättern oder in kleinen Schriften profitierten von der raschen und massenhaften Vervielfältigung durch Gutenbergs Erfindung. Der Anteil des Lateins sank nach und nach zugunsten der Volkssprachen, das Pergament wurde vollständig durch das Papier ersetzt, und die Preise für Bücher fielen schon nach dreißig Jahren auf ein Viertel des ursprünglichen Preises. Die mit dem Buchdruck von Anfang an verbundene Bildungsbewegung des Humanismus und die Reformation sorgten für die Verbreitung des Lesens, die sich dann wiederum in erhöhten Auflagen niederschlug.

Gutenbergs Erfindungen wurden kontinuierlich im Detail verbessert; der Rotdruck, Metallschnitte, neue Illustrationstechniken und kleinere Buchformate setzten sich nach und nach durch. Die Grundprinzipien der Erfindung blieben jedoch unverändert – und zwar über 350 Jahre lang. Erst die Industrialisierung des 19. Jahrhunderts schuf mit einer dampfgetriebenen Schnellpresse ab 1814, der Einführung von Rollen-

Johannes Gutenberg. Überlebensgroße Bronzebüste von Väinö Aaltonen, 1962

papieren und maschinisierten Satzmethoden (Monotype und Linotype) am Ende des 19. Jahrhunderts neue Arbeitsbedingungen. Der Fotosatz und der Offsetdruck, Entwicklungen des 20. Jahrhunderts, entfernten sich dann vom Blei und vom Hochdruckverfahren. Als sich 1970 der Verband der Schriftengießer auflöste, war dies ein – von der Öffentlichkeit unbemerktes – symbolhaftes Zeichen für das Ende einer «Leittechnik» der Gutenberg-Ära.

Das elektronische Publizieren und das digitale Drucken der Gegenwart lösen sich nun vollständig von der materiellen Seite der Erfindungen des 15. Jahrhunderts. Ein Grundprinzip ist allerdings erhalten geblieben: Die Texte werden in die jeweils kleinsten verfügbaren Informationseinheiten zerlegt, im 15. Jahrhundert in die einzelnen Buchstaben des Alphabets, heute in elektronische Impulse. Das Drucken wird dadurch vereinfacht, *printing on demand* ermöglicht z. B. die Herstellung sehr kleiner Auflagen und sichert damit dem Medium Buch eine neue Zukunft, da – gerade im wissenschaftlichen Bereich – Auflagenhöhen von unter 500 Exemplaren zunehmend die Regel werden. Auf der anderen Seite ermöglichen moderne Verfahren (z. B. frequenzmodulierte Raster) im Offsetdruck allerhöchste Qualität bei Bildbänden etc.

Wichtiger ist aber, daß die durch Gutenbergs Erfindungen angeregte Bildungsbewegung, der freie Zugang zum Wissen für jedermann und die Massenkommunikation nicht an einem Ende angelangt sind, sondern zu neuen Ufern aufbrechen können. Mag die technische Seite seiner Erfindungen sich inzwischen überlebt haben, die mit dem Namen Gutenberg verbundene Kommunikationsrevolution hält an.

ANMERKUNGEN

1 Korea's early printing culture. Catalogue. Seoul 1993; International Symposium on the Printing in East and West. Seoul 1997; Po-Kee Sohn: Invention of the movable metal-type printing in Koryo: its role and impact on human cultural progress. In: Gutenberg-Jahrbuch 1998, S. 25–30

2 Blockbücher des Mittelalters. Bilderfolgen als Lektüre. Katalog. Hg. v. d. Gutenberg-Gesellschaft und dem Gutenberg-Museum. Mainz 1991

3 Michael Matheus: Vom Bistumsstreit zur Mainzer Stiftsfehde. Zur Geschichte der Stadt Mainz 1328 bis 1459. In: Mainz. Die Geschichte der Stadt. Hg. von Franz Dumont, Ferdinand Scherf und Friedrich Schütz. Mainz 1998, S. 171–204

4 Gutenberg-Fest zu Mainz im Jahr 1900. Mainz 1901

5 Stadtarchiv Erfurt, Universitätsmatrikel, Signatur 1–16XB XIII–46, Bd. 1, Folio 51 verso, unter dem Rektorat von Johannes Scheubing (Sommersemester 1418) und Folio 54 recto unter dem Rektorat von Henricus de Morle (Wintersemester 1418/19)

6 Gustav Frhr. v. Schenk zu Schweinsberg: Genealogie des Mainzer Geschlechtes Gänsfleisch. In: Festschrift zum fünfhundertjährigen Geburtstage von Johann Gutenberg. Hg. von Otto Hartwig. Mainz 1900, S. 65–130

7 Karl Schorbach: Die urkundlichen Nachrichten über Johann Gutenberg. In: Festschrift zum fünfhundertjährigen Geburtstage von Johann Gutenberg. Hg. von Otto Hartwig. Mainz 1900, S. 133–256, mit Faksimilebeilagen, hier Nr. II, S. 135 f.

8 Ebd. Nr. III, S. 137 f.

9 Ebd. Nr. IV, S. 138–143

10 Ebd. zu Nr. VI, S. 145 f.

11 Ebd. Nr. X, S. 151–154

12 Ebd. Nr. XI, S. 154–176

13 Wolfgang von Stromer: Hans Friedel von Seckingen, der Bankier der Straßburger Gutenberg-Gesellschaften. In: Gutenberg-Jahrbuch 1983, S. 45–48

14 Stephan Pelgen: Zur Archäologie der Buchdrucklettern. In: Gutenberg-Jahrbuch 1996, S. 182–208

15 C. H. Bloy: A history of printing ink, balls and rollers 1440–1850. London 1967, S. 1–48

16 Achim Rosenberg, Martin Boghardt, Heiko Dittmann, Dieter Heimermann, Anno Hein, Hans Mommsen: Röntgenfluoreszenzanalyse der Druckerschwärzen des Mainzer Catholicon und anderer Frühdrucke mit Synchrotonstrahlung. In: Gutenberg-Jahrbuch 1998, S. 231–255

17 Vgl. E. Vaassen: Zur Mainzer Riesenbibel. In: Archiv für Geschichte des Buchwesens 13 (1973), S. 1121–1428

18 Alfred Swierk: Johannes Gutenberg als Erfinder in Zeugnissen seiner Zeit. In: Hans Widmann (Hg.): Der gegenwärtige Stand der Gutenberg-Forschung. Stuttgart 1972, S. 79–90, hier Nr. 14, S. 86 f.

19 Severin Corsten: Die Drucklegung der zweiundvierzigzeiligen Bibel. Technische und chronologische Probleme. In: Johannes Gutenbergs zweiundvierzigzeilige Bibel. Faksimile-Ausgabe nach dem Exemplar der Staatsbibliothek Preußischer Kulturbesitz Berlin. Kommentarband. Hg. von Wieland Schmidt. München 1979, S. 33–68

20 Faksimile (nach dem Exemplar der Bayerischen Staatsbibliothek, Cim. 63 a) mit Kommentar bei Wieland Schmidt: Zur Tabula Rubricarum. In: Faksimile Berlin 1979, Kommentar, S. 177–183

21 Corsten: Drucklegung, S. 51 f.

22 R. N. Schwab: Cyclotron analyses

of the ink in the 42-line Bible. In:
The papers of the Bibliographical
Society of America 77 (1983),
S. 285–315

23 Pergamenthandschrift aus Mainz
vom 5. 11. 1455; Ex.: SuUB Göttingen, Sign.: 2° Cod. Ms. Hist. lit. 123
Cim.

24 SuUB Göttingen, Sign.: 2° Bibl. I,
5955 Inc. Rara Cim. Dieses herausragende Exemplar gehörte ursprünglich einem Kloster, wie aus
handschriftlichen Randbemerkun-
gen hervorgeht. 1587 kam es in die
Wolfenbütteler Bibliothek, die es
1614 der Universitätsbibliothek
Helmstedt zur Verfügung stellte.
Nach der Auflösung der Universität
Helmstedt gelangte das Exemplar
1812 nach Göttingen.

25 Pergamenthandschrift um 1450.
Ex.: SuUB Göttingen, Sign.: 8° Cod.
Ms. Uff. 51 Cim.

26 Das abgebildete Exemplar aus
der SuUB Göttingen (GW 6556) ist
am 26. 1. 1455 ausgestellt worden,
Sign.: 2° Hist. lit. libr. I, 751 Nr. 10

27 Kai Michael Sprenger: «volumus
tamen, quod expressio fiat ante
finem mensis Maii presentis».
Sollte Gutenberg 1452 im Auftrag
Nikolaus' von Kues Ablaßbriefe
drucken? In: Gutenberg-Jahrbuch
1999, S. 42–57

28 Der Türkenkalender. In Faksimile
hg. von Ferdinand Geldner. Wiesbaden 1975

29 Aloys Ruppel: Johannes Gutenberg: Sein Leben und sein Werk.
Nachdruck der zweiten Auflage.
Berlin 1939 (Neuauflagen 1947 und
1967), S. 127, Abb. des Titelblatts
bei Albert Kapr: Johannes Gutenberg. Persönlichkeit und Leistung.
2. Aufl. München 1988, S. 214

30 Abb. bei Kapr: Gutenberg, S. 215

31 Hans Widmann: Der deutsche
Buchhandel in Urkunden und
Quellen. Bd. 1. Hamburg 1965,
S. 16f.

32 Paul Needham: Johann Guten-

berg and the Catholicon Press. In:
The papers of the Bibliographical
Society of America 76 (1982),
S. 395–456; vgl. dagegen Lotte Hellinga: Das Mainzer Catholicon und
Gutenbergs Nachlaß: Neudatierun-
gen und Auswirkungen. In: Archiv
für Geschichte des Buchwesens 40
(1993), S. 395–416

33 Schorbach: Urkundliche Nachrichten, Nr. XXVII, S. 227–233

34 Michael Mommert: Konrad
Humery und seine Übersetzung
der «Consolatio philosophiae».
Diss. phil. Münster 1965; Franz-
Josef Worstbrock: Konrad Humery.
In: Die deutsche Literatur des Mit-
telalters. Verfasserlexikon. Bd. 4.
Berlin, New York 1983, Sp. 301–304

35 Schorbach: Urkundliche Nachrichten, Nr. XXV, S. 220f., Tafel 22

36 Klaus Grubmüller: Vocabularius
ex quo. Untersuchungen zu latei-
nisch-deutschen Vokabularien des
Spätmittelalters. München 1967
(Münchener Texte und Untersuchungen zur deutschen Literatur
des Mittelalters, Band 17)

37 Solide Informationen über den
Buchdruck in Eltville liefert Hans
Widmann: Eltvilles Anteil am
Frühdruck. Tatsachen und Proble-
me. Eltville 1970, hier S. 18

38 Ruppel: Gutenberg, S. 70–72

39 George D. Painter: The untrue
portraits of Johann Gutenberg.
With six figures. In: Gutenberg-
Jahrbuch 1970, S. 54–60

40 Basel, Nikolaus Brylinger, 3 Bde.
Abb. in Bd. 2, S. 397

41 Heinrich Pantaleon: Teutscher
Nation Heldenbuch. Basel, Nikolaus Brylinger. Bd. 2, 1568, S. 507;
derselbe Holzschnitt findet sich
in Bd. 1, S. 59, für Othonius, den
Schwarzkünstler, Bd. 2, S. 30, Ir-
menreich, der Bulgaren Apostel
u. ö.

42 André Thevet: Les vrais pour-
traits et vies des hommes illustres.
Paris 1584, Folio 514 recto

43 Severin Corsten: Von Bernhard von Mallinckrodt zu Ludwig Hain. Ziele und Methoden der frühen Inkunabelbibliographie. In: Gutenberg-Jahrbuch 1995, S. 37–50

44 Stephan Füssel (Hg.): Im Zentrum: das Buch. 50 Jahre Buchwissenschaft in Mainz. Mainz 1997 (Kleiner Druck Nr. 112)

45 Faksimile bei Widmann: Der deutsche Buchhandel, S. 17

46 Otto Mazal: Der Mainzer Psalter von 1457. Kommentar zum Faksimiledruck von 1457. Dietikon-Zürich 1969, S. 80ff.: Die Initialen

47 Arnold Esch: Deutsche Frühdrucker in Rom in den Registern Papst Pauls II. In: Gutenberg-Jahrbuch 1993, S. 44–52

48 Ebd. S. 48

49 Stephan Füssel: «Dem Drucker aber sage er Dank …» Zur wechselseitigen Bereicherung von Buchdruckerkunst und Humanismus. In: Artibus. Kulturwissenschaft und deutsche Philologie des Mittelalters und der frühen Neuzeit. Hg. von Stephan Füssel, Gert Hübner und Joachim Knape. Wiesbaden 1994, S. 167–178

50 Peter F. Tschudin: Erasmus und der Buchdruck. In: Erasmus von Rotterdam. Katalog zur Ausstellung zum 450. Todestag im Historischen Museum Basel. Basel 1986, S. 41–48

Enea Silvio Piccolomini, der spätere Papst Pius II.

Was man mir über jenen bewundernswerten Mann, der in Frankfurt gesehen wurde, mitgeteilt hat, ist sicherlich wahr. Vollständige Bibeln habe ich nicht gesehen, vielmehr einige Quinternionen mit verschiedenen Büchern [der Heiligen Schrift] in höchst sauberer und korrekter Schrift ausgeführt, nirgendwo fehlerhaft; Euer Gnaden würden sie mühelos und ohne Brille lesen können. Von mehreren Gewährsmännern erfuhr ich, daß 158 Bände fertiggestellt seien; einige versicherten sogar, es handle sich um 180. Über die Zahl bin ich mir nicht ganz sicher; an der Vollendung der Bände zweifle ich nicht, wenn man [diesen] Leuten Glauben schenken kann. Hätte ich deinen Wunsch gekannt, dann hätte ich ohne Zweifel einen Band für dich gekauft. Einige Quinternionen sind auch hierher zum Kaiser gebracht worden. Ich werde versuchen, wenn es sich machen läßt, noch eine käufliche Bibel hierher schaffen zu lassen, und sie für dich bezahlen. Ich fürchte aber, es wird nicht gehen, sowohl wegen der langen Wegstrecke als auch, weil es, wie man berichtet, noch vor der Vollendung der Bände schon (für sie) bereitstehende Käufer gegeben habe.

Brief aus Wiener Neustadt vom 12. 3. 1455 an Kardinal Juan de Carvajal. «Quinternione» meint eine Lage von fünf Bogen.

Franciscus Philelphus

Ich habe mir vorgenommen, etliche von den Büchern zu kaufen, die man jetzt ohne Mühe und ohne Schreibgerät nur durch bestimmte Formen, wie der Kunstausdruck lautet, derart bildet, daß man glauben kann, sie seien aus der Hand des geschicktesten Abschreibers hervorgegangen.

Mailand 1470

Guillaume Fichet

Den Wissenschaften ist, soweit ich vermuten kann, durch eine neue Art von Schreibern ein großes Licht gebracht worden; in unserer Zeit wurden sie, wie es einst beim trojanonischen Pferd war, von Deutschland aus in alle Richtungen ausgestreut. Dort nämlich, nicht weit von der Stadt Mainz, sei (so heißt es) ein gewisser Johannes gewesen, mit dem Beinamen Gutenberg [bonemontanus]. Dieser habe als allererster die Druckkunst ersonnen, bei der nicht mit einem Schreibrohr (wie man es in früheren Zeiten machte), auch nicht mit der Feder (wie in unserer Zeit), sondern mit Buchstaben aus Erz Bücher hergestellt werden, und dies in schneller, ansprechender und schöner Form. Darum verdient dieser Mann von allen Musen, allen Wissenschaftsfächern und allen Bücherfreunden mit göttlichem Lob geehrt zu werden.

Brief an Robert Gaguin, Paris nach dem 1. 1. 1471

Nicolaus Perotus

Ich habe unserem Geschlecht oft Glück dazu gewünscht, daß gerade zu unserer Zeit eine so besonders große und wahrhaft göttliche Wohltat uns zuteil geworden in der neuen Art der Vervielfältigung, die vor kurzem aus Deutschland zu uns gekommen ist. Ich sah nämlich, daß jetzt in einem Monat von einem einzigen Manne so viel Schriften gedruckt werden können, wie sonst in einem Jahr kaum bewältigt wurden. So hoffe ich in kurzer Zeit auf eine solche Fülle von Büchern, daß in Zukunft auch der Arme und Mittellose sich kaum noch ein Werk zu versagen braucht.

Ulm 1471

Bonus Accursivus

Du weißt ja, daß in unserer Zeit die bekannte Kunst des Buchdrucks ans Licht getreten ist. Es ist eine wahrhaft nutzbringende und gar schöne Kunst, denn Abschriften von Büchern zu verschaffen ist wegen der hohen Preise für jedermann nicht gerade leicht. Aber wenn dieses, Gott sei Dank, für dich auch kein Hinderungsgrund ist, so mußt doch auch du den Buchdruck wegen seiner künstlerischen Schönheit hochschätzen; und dann auch deshalb, weil dieser Buchdruck, sobald er einmal richtig feststeht, immer in derselben Weise durch alle Druckbogen fortschreitet, so daß ein Fehler kaum möglich ist, eine Sache, mit der es beim Abschreiben ganz anders aussieht.
Mailand 1475

Zensuredikt des Erzbischofs von Mainz, Berthold von Henneberg

Wenn man auch zur Aneignung gelehrten Wissens dank der sozusagen göttlichen Kunst des Druckens an die Bücher der verschiedenen Wissenschaften in reichlichem Maße und leicht herankommen kann, so haben wir trotzdem vernommen, daß gewisse Menschen, verführt durch die Gier nach eitlem Ruhm und Geld, diese Kunst mißbrauchen und daß das, was zur Kultivierung des Lebens geschenkt wurde, auf die Bahn des Verderbens und der Verfälschung gelenkt wird. Denn wir mußten sehen, daß Bücher, die die Ordnung der hl. Messe enthalten und die über göttliche Dinge und die Hauptfragen unserer Religion handeln, aus dem lateinischen in die deutsche Sprache übersetzt wurden und nicht ohne Schande für die Religion durch die Hand des Volkes wandern. […]
Wer wird den Laien und ungelehrten Menschen und dem weiblichen Geschlecht, in deren Hände die Bücher der heiligen Wissenschaften fallen, das Verständnis verleihen, den wahren Sinn herauszufinden? […]
Und so befehlen wir, daß man keine Werke, welcher Art sie seien, welche Wissenschaft, Kunst und Erkenntnis sie auch immer betreffen, aus der griechischen, lateinischen oder einer anderen Sprache in die deutsche Volkssprache übersetze […], verbreite und erwerbe, öffentlich oder heimlich, unmittelbar oder mittelbar, sofern nicht die zu druckenden Werke jeweils vor dem Druck … durch eigens dazu bestellte Doktoren und Magister unserer Universität in unserer Stadt Mainz … durchgesehen und mit einem Sichtvermerk zum Druck oder zum Vertrieb freigegeben worden sind.
22. März 1485

Peter Danhauser

Wie billig kriegt man jetzt die klassischen Schätze, sie werden herausgehoben aus den geheimsten Ecken der Bibliotheken […] und was früher nur Könige und Fürsten sich leisten durften, das darf auch der Arme jetzt kosten. Darum […] kaufe dies Buch, wer ein moralisches Leben führen und ein guter Philosoph werden will, dem Drucker aber sage er Dank, daß er eine so nützliche Gabe von ihm erhalte.
Epigramm in dem Beda Venerabilis zugeschriebenen «Repertorium auctoritatum Aristotelis et aliorum philosophorum», Nürnberg 1491

Hartmann Schedel

Die Kunst der Druckerei hat sich erstlich in deutschem Land in der Stadt Mainz, am Rhein gelegen, im Jahre Christi 1440 ereignet und von dort in fast alle Orte der Welt ausgebreitet. Dadurch sind die kostbarsten Schätze schriftlicher Kunst und Weisheit, die in den alten Büchern lange Zeit als der Welt unbekannt in dem Grabe der Unwissenheit verbor-

gen gelegen sind, an das Licht gelangt. [...] Wäre diese Kunst eher erfunden und in Gebrauch genommen worden, so wären ohne Zweifel viele Bücher von Titus Livius, Cicero oder Plinius und anderer hochgelehrter Leute nicht aus Unachtsamkeit der Zeiten verlorengegangen. Und so nun die Erfinder der handwerklichen Kunst des Buchdrucks nicht wenig Lobes würdig sind, wer kann dann aussprechen, mit was für Lob, Preis, Ehre und Ruhm die Deutschen zu erheben sind, die aus ihrer erleuchteten, sinnreichen und schicklichen Kenntnis diese Druckerei erfunden haben, durch die der lang verschlossene Brunnen unaussprechlicher Weisheit menschlicher und auch göttlicher Kunst dem gemeinen Menschen zugeführt wird.
Buch der Chroniken und Geschichten. Nürnberg 1493, Fol. 252 verso

Sebastian Brant

Jüngst hat der Geist und die Kunst im rheinischen Lande Bücher zum Lichte gebracht, höchst beträchtlich an Zahl. Was früher nur der Reiche und der König zu eigen besitzen konnte, selbst im bescheidensten Haus trifft man es jetzt: ein Buch. Dank sei den Göttern zunächst, doch sofort auch den Druckern, die durch ihr rastloses Mühen die treffliche Kunst meistern. Was den Gelehrten von Hellas und römischer Technik verborgen geblieben ist, diese neue Erfindung stammt aus deutschem Geist.
Gedicht über die Trefflichkeit der Druckkunst. Basel 1498

Chronik von Köln

Von der Buchdruckerkunst: Wann, wo und durch wen ist erfunden die unaussprechlich nützliche Kunst, Bücher zu drucken. Diese hochwürdige Kunst ist zuerst in Deutschland zu Mainz am Rhein erfunden worden. Und das ist für die deutsche Nation eine große Ehre, daß solche

sinnreiche Menschen sind da zu finden. Dies geschah im Jahre des Herrn anno Domini 1440, und von dieser Zeit an bis man schrieb 1450 wurde die Kunst und was dazu gehört weiter ausgebaut. Das Jahr des Herrn 1450 war ein golden Jahr: da begann man zu drucken, und das erste Buch, das man druckte, war eine lateinische Bibel. Die wurde gedruckt in einer großen Schrift, die man sonst für Meßbücher verwendet. Der erste Erfinder der Buchdruckerkunst ist ein Bürger zu Mainz gewesen mit Namen Junker Johannes Gutenberg.
Köln 1499

Polydorus Vergilius

In unserer Zeit ist eine neue Art des Schreibens erfunden worden. Wird doch nun an einem Tag von einem Menschen soviel Text gedruckt, wie kaum mehrere Personen in einem ganzen Jahr schreiben könnten. Dadurch haben wir eine solche Menge von Büchern aller Wissensgebiete erhalten, daß einem Menschen kaum noch ein Buch fehlen wird, auch wenn er nur wenig Geld besitzt. Hinzu kommt noch, daß die Erfindung des Buchdrucks sehr viele griechische und lateinische Autoren für alle Zeiten vor dem Untergang bewahrt hat. Daher darf man den Erfinder einer so wichtigen Sache nicht um seinen Ruhm betrügen, vor allem damit die Nachkommen wissen, von wem sie diese göttliche Wohltat empfangen haben. Diese Kunst, Schriften zu drucken, hat Johann Gutenberg, aus deutscher Nation gebürtig, ein Mann von ritterlichen Ehren, in Mainz am Rhein zuerst erfunden.
Polydori Vergilii Urbinatis de inventoribus rerum libri tres. Venedig 1499, Fol. 5

Joachim Vadian

Der Deutsche, der Buchstaben aus Metall goß und den Beweis antrat, daß durch einen einzigen Druckvor-

gang in der Presse durchaus die Tageshöchstleistung flinker Schreiberhände wettgemacht wird, überstrahlt sämtliche Erfindungen der Antike; gepriesen und unendlich glücklich sei er.
In arte impressoriae meritam laudem.
1511

Johannes Trithemius

In dieser Zeit wurde in der deutschen Stadt Mainz am Rhein – und nicht in Italien, wie fälschlich geschrieben wurde – durch den Mainzer Bürger Johannes Gutenberg jene wunderbare und früher unerhörte Kunst des Druckens erfunden und ausgedacht. Fast sein ganzes Vermögen hatte er an die Erfindung dieser Kunst gesetzt. Als er aber wegen der allzu großen Schwierigkeiten nicht weiter kam, sondern bald an diesem, bald an jenem Punkte scheiterte und schon nahe daran war, aus Verzweiflung das Unternehmen aufzugeben, hat ihn Johann Fust, ebenfalls ein Mainzer Bürger, durch seinen Rat und sein Geld unterstützt, und so hat er das begonnene Werk zu Ende geführt.
Annales Hirsaugienses, 1513

Martin Luther

Die hohen Wohltaten der Buchdruckerei sind mit Worten nicht auszusprechen. Durch sie wird die Heilige Schrift in allen Zungen und Sprachen eröffnet und ausgebreitet, durch sie werden alle Künste und Wissenschaften erhalten, gemehrt und auf unsere Nachkommen fortgepflanzt.
Die Truckerey ist *summum et postremum donum*, durch welches Gott die Sache des Evangelii forttreibet. Es ist die letzte Flamme vor dem Auslöschen der Welt […].
Johannes Aurifaber: Tischreden oder Colloquia Doctor Martin Luthers. Frankfurt a. M. 1566

Johann Wolfgang von Goethe

Wir verdanken dem Bücherdruck und der Freiheit desselben undenkbares Gute und einen unübersehbaren Nutzen.
Dichtung und Wahrheit, 1812

Die Buchdruckerkunst ist ein Faktum, von welchem ein zweiter Teil der Welt- und Kunstgeschichte datiert, welcher von dem ersten Teil ganz verschieden ist.
1820

Victor Hugo

Der menschliche Geist entdeckte im 15. Jahrhundert, um sich Dauer zu verleihen, ein Mittel, das widerstandsfähiger und beständiger ist als die Baukunst. Der steinernen Schrift folgte die bleierne Letter Gutenbergs. Die Erfindung der Buchdruckerkunst ist das größte Ereignis der Geschichte. Sie ist die Mutter allen Umsturzes, eine Erneuerung menschlicher Ausdrucksmittel von Grund auf. Die gedruckten Gedanken sind unvergänglich, beflügelt, ungreifbar und unzerstörbar. Sie fliegen wie eine Vogelschar auf, schwirren nach allen vier Winden auseinander und sind zur selben Zeit überall.
Notre-Dame de Paris, 1831

Mark Twain

Es steht auf dem Erdenrund außer Zweifel, daß Gutenbergs Erfindung das bedeutendste Ereignis der Weltgeschichte ist. Diese Erfindung schuf eine neue und wunderbare Welt, gleichzeitig aber auch eine neue Hölle. Was immer die Welt heute ist, die positiven und negativen Seiten zusammen, dies hat Gutenbergs Erfindung aus ihr gemacht, aus dieser Quelle ist alles entstanden. Er besitzt unsere volle Verehrung, denn was aus seinen kühnsten Träumen hervorgekommen ist, die Schattenseiten mit eingerechnet, brachte einen sehr

großen Vorteil für die Menschheit.
In einem Brief vom 7. 4. 1900 aus London an Adolf Goerz, den Förderer des Gutenberg-Museums

John Updike
Dialog im Cyberspace.
GUTENBERG *(zögernd):* Vielleicht ist das Buch, wie Gott, eine Idee, an der einige Menschen festhalten werden. [...] Die elektronische Flut, die ihr beschreibt, kennt keine Ufer. Sie überschwemmt alles, aber womit, und für wen? Ihre Inhalte wirken so klein, gemessen am Genius ihrer Technologie. [...] Ihr sprecht von diesem weltumspannenden Internet, als reiche es über das menschliche Gehirn hinaus. Aber der Mensch ist noch immer das Maß aller Dinge.
BILL GATES: Jeder Fehler wird irgendwann behoben. *(Er sinkt mit einem Zischen in sich zusammen.)*
Lufthansa-Magazin 1996

Der Mann des Jahrtausends, Begründung des Ranking
Ohne Gutenberg hätte Kolumbus (Platz 2) den Seeweg nicht gefunden, hätte Shakespeares (Platz 5) Dichtergenius keine Verbreitung gefunden und wären Martin Luthers (Platz 3) 95 Thesen ohne Wirksamkeit geblieben. Die Druckerpresse, von Gutenberg nach 1430 entwickelt, schuf die Grundlagen, um Wahrheit, Schönheit, aber auch Häresie in der Welt zu verbreiten [...]. Exemplare seines ersten bedeutendsten Projekts, der Bibel, haben bis heute überlebt. Jahre hat er zur Vervollkommnung seiner Erfindung der beweglichen Typen und für die Entwicklung einer Presse benötigt, die eine massenhafte Produktion von Büchern und Flugblättern ermöglichte. Das wenige, was wir von seinem Lebensweg wissen, stammt aus juristischen Quellen im Zusammenhang mit der Geschichte seiner Erfindung. Niemand kann Gutenbergs Platz als dem Erfinder des Satzes und Drucks mit beweglichen Typen im Abendland streitig machen. Da durch seine Druckerpresse die ungehinderte Verbreitung von Wissen und Ideen über die gesamte Welt möglich geworden ist, plazieren wir ihn vor all den Persönlichkeiten, deren Wirkung erst durch die Druckerpresse möglich wurden.
Agnes Hooper Gottlieb, Henry Gottlieb, Barbara Bowers, Brent Bowers: 1000 years, 1000 people. Ranking the men and women who shaped the millennium. New York, Tokyo, London 1999, S. 2

DIE ERHALTENEN GUTENBERG-BIBELN

Belgien
Mons, Bibliothèque
municipal   Band 1

Dänemark
Kopenhagen,
Kongelige Bibliothek   Band 2

Deutschland
Aschaffenburg,
Hofbibliothek   2 Bände
Berlin,
Staatsbibliothek   2 Bände, Perg.
Frankfurt am Main,
Stadt- und Universitäts-
bibliothek   2 Bände*
Fulda, Hessische
Landesbibliothek   Band 1, Perg.
Göttingen, Nieder-
sächsische Staats- und
Universitätsbibliothek
                                 2 Bände, Perg.*
Kassel, Gesamthoch-
schul-Bibliothek   Band 1
Leipzig, Universitäts-
bibliothek   2 Bände, Perg.
Mainz, Gutenberg-
Museum   2 Bände
Mainz, Gutenberg-
Museum   Band 2
München,
Bayerische Staatsbibliothek 2 Bände*
Rendsburg, Kirchengemeinde
St. Marien, Archiv   Band 1
Schweinfurt, Bibliothek
Otto Schäfer   2 Bände
Stuttgart, Württembergische
Landesbibliothek   2 Bände
Trier, Stadtbibliothek   Band 1

Frankreich
Paris,
Bibliothèque Mazarine   2 Bände*
Paris,
Bibliothèque Nationale   2 Bände

Paris, Bibliothèque
Nationale   2 Bände, Perg.*
Saint Omer,
Bibliothèque Municipale   Band 1

Großbritannien
Cambridge,
University Library   2 Bände*
Edinburgh,
National Library   2 Bände*
Eton, College Library   2 Bände*
London, British Library   2 Bände*
London,
British Library   2 Bände, Perg.*
London, Archiepis-
copal Library, Lam-
beth Palace   Band 2 (nur NT), Perg.
Manchester, John
Rylands Library   2 Bände*
Oxford,
Bodleian Library   2 Bände*

Japan
Tokyo, Keio University   Band 1

Österreich
Wien, Österreichische
Nationalbibliothek   2 Bände*

Polen
Pelplin, Biblioteka
Seminarium Duchownego   2 Bände

Portugal
Lissabon, Biblioteca Nacional
e Instituto do Livro   2 Bände*

Rußland
Moskau, Staats-
bibliothek +   2 Bände, Perg.
Moskau, Bibliothek
der Lomonossow-
Universität ++   2 Bände

Schweiz
Cologny, Bibliotheca
Bodmeriana   2 Bände

Spanien
Burgos, Biblioteca Pública
del Estado   2 Bände

Sevilla, Biblioteca Universitaria y Provincial	Band 2 (nur NT)	New York, Pierpont Morgan Library	Band 1
		New York, Public Library	2 Bände
USA		Princeton, John H. Scheide Library	2 Bände
Austin / Texas, Harry Ransom Humanities Research Center	2 Bände *	San Marino / Kalif., Henry E. Huntington Library	2 Bände, Perg.
Cambridge / Mass., Harry Elkins Widener Memorial Library	2 Bände *	Washington D. C., Library of Congress	3 Bände, Perg. *
New Haven / Conn., Beinecke Rare Book and Manuscript Library	2 Bände *	**Vatikan**	
New York, Pierpont Morgan Library	2 Bände *	Roma, Biblioteca Apostolica Vaticana	2 Bände
New York, Pierpont Morgan Library	2 Bände, Perg.	Roma, Biblioteca Apostolica Vaticana / Barberini	2 Bände, Perg.

Aufgeführt sind die Standorte von B 42, GW 4201, H 3083.
Die Bibeln wurden in der Regel in zwei Bänden gebunden; eine Ausnahme ist das Exemplar der Library of Congress, Washington, D. C., das in drei Bänden gebunden wurde.

* = vollständig
Perg. = Pergament, alle anderen Exemplare Papier
NT = Neues Testament
+ = Aus dem Besitz des Deutschen Buch- und Schriftmuseums, Leipzig
+ + = Aus dem Besitz der Universitätsbibliothek Leipzig

BEDEUTENDE DRUCKER

Johannes Gutenberg	Mainz	um 1400–1468
Johannes Mentelin	Straßburg	um 1415–1478
Nicolaus Jenson	Venedig	1420–1480
William Caxton	London	1424–1491
Günther Zainer	Augsburg	um 1425–1478
Peter Schöffer	Mainz	um 1427– um 1502
Johann Amerbach	Basel	1430–1513
Anton Koberger	Nürnberg	1445–1513
Johann Zainer	Ulm	um 1445– um 1523
Erhard Ratdolt	Augsburg/Venedig	1447–1527
Aldus Manutius	Venedig	1448–1515
Lucantonio Giunta	Venedig	1457–1538
Johann Froben	Basel	1470–1527
Geoffroy Tory	Paris	um 1480–1533
Christoph Froschauer d. Ä.	Zürich	um 1490–1564
Hans Lufft	Wittenberg	1495–1584
Christian Egenolff	Frankfurt	1502–1555
Robert Stephanus (Etienne)	Paris	1503–1559
Johannes Oporinus	Basel	1507–1568
Christoph Plantin	Antwerpen	1514–1589
Willem Janszon Blaeu	Amsterdam	1571–1638
Abraham Elzevier	Leiden	1592–1652
Joseph Moxon	London	1627–1700
Johann Gottlob Breitkopf	Leipzig	1719–1794
John Baskerville	Birmingham	1706–1775
Karl Christoph Tauchnitz	Leipzig	1761–1836
Joachim Ibarra	Madrid	1752–1785
Giambattista Bodoni	Parma	1740–1813
Johann Friedrich Unger	Berlin	1753–1804
Pierre Didot	Paris	1761–1853
William Morris	London	1834–1896
Th. J. Cobden-Sanderson	London	1840–1922
Daniel Berkeley Updike	Boston	1860–1941
Frederic Goudy	Chicago	1865–1947
Carl Ernst Poeschel	Berlin	1874–1944
Christian Heinrich Kleukens	Darmstadt	1880–1954
Giovanni (Hans) Mardersteig	Verona	1892–1977

Die Ausbreitung der Gutenbergschen Technik

um 1450	Mainz	1476	London
um 1460	Bamberg	1476	Pilsen
um 1460	Straßburg	1476	Speyer
1465	Subiaco bei Rom	1479	Würzburg
1466	Köln	1480	Magdeburg
1467	Eltville	1481	Antwerpen
1467	Rom	1481	Leipzig
1468	Augsburg	1481	Ofen (Budapest)
1468	Basel	1481	Salamanca
1469	Venedig	1482	Odense
1470	Neapel	1482	Wien
1470	Nürnberg	1483	Kosinj
1470	Paris	1483	Stockholm
1471	Florenz	1488	Prag
1471	Mailand	1489	Lissabon
1473	Esslingen	1493	Kopenhagen
1473	Lyon	1503	Istanbul
1473	Ulm	1515	Saloniki
1473	Utrecht	1553	Moskau
1474	Krakau	1556	Goa (Indien)
1474	Valencia	1590	Kazusa (Japan)
1475	Breslau	1639	Cambridge Mass. (USA)
1475	Brügge	1640	Isfahan (Iran)
1475	Loewen	1644	Shanghai (China)
1475	Lübeck	1752	Halifax (Kanada)
1475	Zaragoza	1784	Kapstadt
1476	Brüssel	1802	Sydney

WICHTIGE FRÜHE DRUCKORTE

Stockholm 1483

Nordsee

Odense 1482
Kopenhagen 1493
Ostsee

1475
Lübeck
Rostock 1476
Danzig 1498
Marienburg 1492

London 1476
Hamburg 1491
Magdeburg 1480

Ärmelkanal

Utrecht 1473
Brügge 1475
Antwerpen 1481
Brüssel 1476
Loewen 1475
Köln 1466
Leipzig 1481
Breslau 1475

Paris 1470
Eltville 1467
Mainz um 1460
um 1460
Bamberg
Speyer 1476
Nürnberg 1470
Prag 1488
Straßburg um 1460
Esslingen 1473
Pilsen 1476
Krakau 1474
Ulm 1473
Augsburg 1468
Basel 1468
Wien 1482

Lyon 1473
Ofen 1481

Mailand 1471
Venedig 1469

Zaragoza 1475
Florenz 1471

Barcelona 1475

Rom 1467
Subiaco 1465

Valencia 1474
Neapel 1470

Mittelmeer

ERFINDUNGEN IM DRUCKWESEN

2. Jh. Papier in China verwendet.

8. Jh. Holztafeldruck in Korea / China / Japan, «Dharani-Sutra».

11. Jh. Einzellettern aus Keramik / Ton in China.

13. Jh. Metallene Einzellettern in Korea.

1390 Papiermühle Stromer in Nürnberg.

1418 Der älteste datierte Holzschnitt in Europa.

1446 Der erste nachweisbare, datierte Kupferstich.

1450 Erfindung der Buchdruckerkunst durch Johannes Gutenberg.

1476 Ulrich Han in Rom erfindet den Musiknotendruck.

1502 Petrucci in Venedig erfindet den Druck von Mensuralnoten.

1642 Die Schabkunst wird von Ludwig von Siegen erfunden.

1768 Erfindung der Aquatinta durch Jean Baptiste Le Prince.

1772 Wilhelm Haas in Basel optimiert die Handpresse durch zahlreiche Metallteile.

1783 / 4 Thomas Bell läßt sich die zylindrische Tiefdruckform sowie die Rakeltechnik patentieren.

1796 Aloys Senefelder erfindet die Lithographie.

1799 Nicolas Louis Robert entwickelt die Papiermaschine.

1811 Friedrich Koenig erfindet die Zylinder-Flachformmaschine für den Hochdruck.

1814 Weiterentwicklung zur Schön- und Widerdruckmaschine durch Friedrich Koenig.

1819 Patentierung des Stahlstichs durch Jacob Perkins.

1820 Erfindung der Papierstereotypie durch Jean Baptiste Genoux.

1822 William Church wird ein Patent auf eine Setzmaschine erteilt.

1830 Entwicklung der Tiegeldruckmaschinen.

1838 Moritz Hermann von Jacob stellt erstmals Galvanos her.

1840 Blasius Hoefel erfindet die Strichätzung.

1851 Entwicklung der ersten Klapptiegelmaschinen.

1852 Erste Photolithographie.

1860 James Clerk Maxwell entwickelt die Farbauszugstechnik für den Mehrfarbendruck.

1862 Die Komplettgießmaschine wird in England erfunden.

1865 William Bullock stellt die Rotations-Hochdruckmaschine vor.

1868 Josef Albert erfindet den Lichtdruck.

1879 Karl Klietsch erfindet die Heliogravure.

1881 Autotypie (Rasterätzung) durch Georg Meisenbach vorgestellt.

1884 Ottmar Mergenthaler vollendet die Zeilensetz- und Gießmaschine (Linotype).

1888 Der Typograph wird in den USA erfunden.

1892 Erste Dreifarbenautotypie durch Ernst Vogel.

1894 Eugene Porzolt unternimmt die ersten Versuche innerhalb der Fotosatztechnik.

1897 Talbot Lanston in den USA baut die erste Monotype.

1903 / 4 Ira W. Rubel und Caspar Hermann entwickeln unabhängig voneinander den Offsetdruck.

1914 Erste Anilindruckmaschine (Flexodruck) von der Firma Windmöller & Hölscher.

1914 Vollautomatischer Klapptiegel der Firma Heidelberger (OHT).

1924 Erste Siebdruckmaschine von der Firma Selectasine in den USA.

1927 Edmund Uher konzipiert seine «Uhertype» Fotosetzmaschine.

1936 Erste Anwendung des halbautotypischen Tiefdrucks.

1940 Erfindung der Aniloxwalze (Rasterwalze) für den Anilindruck in den USA.

1948 Erster großer praktischer Einsatz des Fotosatzes durch den Fotosetter.

1948 Erste praktikable Anwendung der Xerographie.

1949 Einführung der Lumitype / Photon als erste elektromechanische Fotosetzanlage.

1950 Lochstreifensteuerung für die Linotype TTS (TeleTypeSetter).

1950 Einführung der Aluminiumplatte im Offsetdruck.

1953 Vorstellung des Klischographen für die Gravur von Hochdruckklischees.

1962 Die Firma Hell entwickelt den Helioklischographen für die Tiefdruckzylinder-Gravur und den Chromographen für die elektronische Farbreproduktion.

1970 Elektronische Fotosetzanlagen.

1970 Einführung der Fotopolymerplatten im Hochdruck (Buch- und Flexodruck).

1972 Erfindung des Trockenoffsetverfahrens.

1975er Kathodenstrahlbelichter im Fotosatz.

1980er Entwicklung der Computer-to-Plate-Technologie.

1984 Das Desktop-Publishing (DTP) wird entwickelt.

1984 Einführung der Laserbelichter im Fotosatz.

1985er Erfindung des frequenzmodulierten Rasters durch G. Fischer.

1990er Einführung von Anilox-Farbwerken für Hoch- und Offsetrotationsmaschinen.

1992 Vorstellung der Computer-to-Press-Technologie.

1992 Einführung der Elektronenstrahlgravur im Tiefdruck.

1993 Die Firmen Indigo und Xeikon stellen ihre ersten Digitalen Druckmaschinen auf der Basis der Xerographie-Technologie vor.

1995 Mit der Quickmaster DI der Firma Heidelberger Druckmaschinen kommt die erste eigenständige Computer-to-Press-Offsetdruckmaschine auf den Markt.

BIBLIOGRAPHIE

Abkürzungen
GJ: Gutenberg-Jahrbuch. Begründet
von Aloys Ruppel (1926). Hg. im
Auftrag der Gutenberg-Gesellschaft
von Stephan Füssel. Mainz
GW: Gesamtkatalog der Wiegendrucke. Hg. von der Kommission
für den Gesamtkatalog der Wiegendrucke. Bd. 1–8,1. Leipzig
1925–1940. 2. durchgesehener
Neudruck Bd. 1–7. Stuttgart 1968;
Bd. 8 ff. Stuttgart 1978 ff.
H: Hain, Ludwig: Repertorium biblio-
graphicum, in quo libri omnes ab
arte typographica inventa usque ad
annum MD typis expressi … recen-
sentur. Stuttgartiae et Lutetiae Pari-
sorum 1826–1838. Reprint; Mailand 1966

1. Bibliographie / Forschungsberichte

**Corsten, Severin, Reinmar Fuchs
unter Mitarbeit von Kurt Hans
Staub:** Der Buchdruck im 15. Jahr-
hundert. Eine Bibliographie. 2 Bde.
Stuttgart 1988/93
Füssel, Stephan: Gutenberg-For-
schung. Kulturwissenschaftliche
Aspekte des frühen Buchdrucks.
In: Von Gutenberg zum Internet.
Akten des Dortmunder Bibliothe-
kartages 1997, S. 13–30
Füssel, Stephan: 100 Jahre Guten-
berg-Forschung. In: Gutenberg-
Festschrift 2000. Mainz 2000,
S. 7–26 (GJ Bd. 75)
König, Eberhard: Zur Situation der
Gutenberg-Forschung. Ein Supple-
ment. Münster 1995
Widmann, Hans: Der gegenwärtige
Stand der Gutenberg-Forschung.
Stuttgart 1972

2. Druckkunst Asiens

Korea's early printing culture. Seoul
1993
International Symposium on the
printing history in east and west.
Ed. by the Korean National Com-
mission for Unesco. Seoul 1997
Park, Seon Re: Six perspectives in
the history of printing. In: GJ 1998,
S. 42–47

3. Gutenberg

Bechtel, Guy: Gutenberg et l'inven-
tion de l'imprimerie. Une enquete.
Paris 1992
Füssel, Stephan: Gutenberg und sei-
ne Wirkung. Frankfurt a. M. 1999
Johannes Gutenberg – Regionale
Aspekte des frühen Buchdrucks.
Vorträge der Internationalen Kon-
ferenz zum 550. Jubiläum der Buchdruckerkunst 1990 in Berlin. Berlin
1993 (Beiträge aus der Staatsbibliothek zu Berlin. Bd. 1)
Kapr, Albert: Johannes Gutenberg.
Persönlichkeit und Leistung. Leipzig 1986; 2. Aufl. München 1988
Kapr, Albert: Johannes Gutenberg.
The man and his invention. Hants
1996
Köhler, Johann David: Hochver-
diente und aus bewährten Urkun-
den wohlbeglaubte Ehren-Rettung
Johann Gutenbergs […]. Leipzig
1741
Köster, Kurt: Gutenbergs Straßburger Aachenspiegel-Unternehmen
von 1438/40. In: GJ 1983, S. 24–44
Lehmann-Haupt, Hellmut: Guten-
berg an the Master of the Playing
Cards. New Haven/London 1966
Painter, George D.: The untrue
portraits of Johann Gutenberg. In:
GJ 1967, S. 54–60
Ruppel, Aloys: Johannes Gutenberg.
Sein Leben und Werk. Berlin 1939;
2. Aufl. Berlin 1947; Nachdruck
Nieuwkopp 1967

Ruppel, Aloys: Gutenbergs Tod und Begräbnis. Mainz 1968 (Kleiner Druck der Gutenberg-Gesellschaft Nr. 81)

Schorbach, Karl: Die urkundlichen Nachrichten über Johannes Gutenberg. In: Festschrift zum fünfhundertjährigen Geburtstage von Johann Gutenberg. Hg. von Otto Hartwig. Mainz 1900, S. 133–256

Schorbach, Karl: Neue Straßburger Gutenberg-Funde. Gutenberg-Festschrift. Mainz 1925, S. 130–143

4. Gutenberg-Bibel

Johannes Gutenbergs 42-zeilige Bibel. Ergänzungsband zum Faksimile von Paul Schwenke. Leipzig 1923

Johannes Gutenbergs zweiundvierzigzeilige Bibel. Faksimile-Ausgabe nach dem Exemplar der Staatsbibliothek Preußischer Kulturbesitz Berlin. Kommentarband. Hg. von Wieland Schmidt und Friedrich Adolf Schmidt-Künsemüller. München 1979. Aktualisierte Neuausgabe mit einem Beitrag von Eberhard König. Münster 1995

Johannes Gutenberg. Die 42-zeilige Bibel. Kommentar zum Faksimile des Exemplars in Burgos. Valencia 1997

Davies, Martin: The Gutenberg Bible. San Francisco 1996

Dolgodrova, Tatiana: Die Miniaturen der Leipziger Pergament-Ausgabe der Gutenberg-Bibel – zur Zeit in der russischen Staatsbibliothek, Moskau. In: GJ 97, S. 64–75

Hoffmann, Leonhard: Die Gutenbergbibel. Eine Kosten- und Gewinnschätzung des ersten Bibeldrucks auf der Grundlage zeitgenössischer Quellen. In: Archiv für Geschichte des Buchwesens 39 (1993), S. 255–319

Ing, Janet: Johann Gutenberg and his bible. New York 1990

Lehmann-Haupt, Hellmut: The Göttingen Model Book. Columbia 1972

Needham, Paul: The paper supply of the Gutenberg Bible. In: The Papers of the Bibliographical Society of America 79 (1985), S. 303–374 (mit Census)

Powitz, Gerhardt: Die Frankfurter Gutenberg-Bibel. Ein Beitrag zum Buchwesen des 15. Jahrhunderts. Frankfurt a. M. 1990 (Frankfurter Bibliotheksschriften 3)

Schneider, Heinrich: Der Text der Gutenberg-Bibel zu ihrem 500. Jubiläum untersucht. Bonn 1954 (Bonner biblische Beiträge 7)

Stüben, Jochen: Das Rendsburger Fragment der Gutenberg-Bibel. In: GJ 1998, S. 56–79

5. Einzelne Werke Gutenbergs und seiner direkten Weggefährten

Catholicon-Forschung. In: Wolfenbütteler Notizen zur Buchgeschichte 13 (1988), S. 105–232

Geldner, Ferdinand: Der Türkenkalender. Faksimile und Kommentar. Wiesbaden 1975

Hellinga, Lotte: Das Mainzer «Catholicon» und Gutenbergs Nachlaß. Neudatierung und Auswirkungen. In: Archiv für Geschichte des Buchwesens 40 (1993), S. 395–416

Mazal, Otto: Der Mainzer Psalter von 1457. Faksimile und Kommentar. Dietikon-Zürich 1969

Zedler, Gottfried: Die Mainzer Ablaßbriefe der Jahre 1454 und 1455. Mainz 1913

6. Buch und Gesellschaft im 15. Jahrhundert

Blockbücher des Mittelalters. Bilderfolgen als Lektüre. Hg. von der Gutenberg-Gesellschaft und dem Gutenberg-Museum. Mainz 1991

Brandis, Thilo: Die Handschrift zwischen Mittelalter und Neuzeit. Versuch einer Typologie. In: GJ 1997, S. 27–57

Burger, Konrad: Buchhändleranzeigen des 15. Jahrhunderts. Leipzig 1907

Eisenstein, Elisabeth L.: The printing press as an agent of chance. Cambridge 1979

Febvre, Lucien, Henri Jean Martin: L'apparition du livre. Paris 1958 (L'évolution de l'humanité 49)

Febvre, Lucien, Henri Jean Martin: The coming of the book. London 1976

Fleischmann, Isa: Metallschnitt und Teigdruck. Technik und Entstehung zur Zeit des frühen Buchdrucks. Mainz 1998

Füssel, Stephan (Hg.): 500 Jahre Schedelsche Weltchronik. Nürnberg 1994 (Pirckheimer-Jahrbuch 1994)

Füssel, Stephan: Die Welt im Buch. Buchkünstlerischer und humanistischer Kontext der Schedelschen Weltchronik von 1493. Mainz 1996 (Kleiner Druck der Gutenberg-Gesellschaft 111)

Füssel, Stephan, Volker Honemann (Hg.): Humanismus und früher Buchdruck. Nürnberg 1997 (Pirckheimer-Jahrbuch 1996)

Geldner, Ferdinand: Inkunabelkunde. Eine Einführung in die Welt des frühesten Buchdrucks. Wiesbaden 1978 (Elemente des Buch- und Bibliothekswesens 5)

Geldner, Ferdinand: Die deutschen Inkunabeldrucker. 2 Bde. Stuttgart 1968–1970

Gier, Helmut, Johannes Janota: Augsburger Buchdruck und Verlagswesen. Wiesbaden 1997

Giesecke, Michael: Der Buchdruck der frühen Neuzeit. Eine historische Fallstudie über die Durchsetzung neuer Informations- und Kommunikationstechnologien. Frankfurt a. M. 1991

Grenzmann, Ludger, Karl Stackmann (Hg.): Literatur und Laienbildung im Spätmittelalter und in der Reformationszeit. Stuttgart 1984 (Germanistische Symposien. Berichtsbände 5)

Grimm, H.: Die Buchführer des deutschen Kulturbereiches und ihre Niederlassungen in der Zeitspanne von 1450 bis um 1550. In: Archiv für Geschichte des Buchwesens 7 (1967), Sp. 1153–1772

Gumbrecht, Hans Ulrich, K. Ludwig Pfeiffer (Hg.): Materialität der Kommunikation. Frankfurt a. M. 1988

Gutenberg. 550 Jahre Buchdruck in Europa. Ausstellungskatalog der Herzog August Bibliothek. Hg. von Paul Raabe. Wolfenbüttel 1990

Hirsch, Rudolf: Printing, Selling and Reading 1450–1550. Wiesbaden 1974

Inkunabel- und Einbandkunde. Beiträge des Symposions zu Ehren von Max Joseph Husung 1995 in Helmstedt. Wiesbaden 1996 (Bibliothek und Wissenschaft Bd. 29)

Kind, Helmut, Helmut Rohlfing: Gutenberg und der europäische Frühdruck. Zur Erwerbungsgeschichte der Göttinger Inkunabelsammlung. Göttingen 1995

Kock, Thomas, Rita Schlusemann: Laienlektüre und Buchmarkt im späten Mittelalter. Frankfurt a. M., Berlin u. a. 1997

Köhler, Hans-Joachim (Hg.): Flugschriften als Massenmedien der Reformationszeit. Stuttgart 1981 (Spätmittelalter und frühe Neuzeit 13)

Kunze, Horst: Geschichte der Buch-illustration in Deutschland: Das 15. Jahrhundert. 2 Bde. Leipzig 1975

Lowry, Martin: The world of Aldus Manutius: Business and scholar-ship in renaissance Venice. Ithaca 1979

Neddermeyer, Uwe: Von der Hand-schrift zum gedruckten Buch. Wiesbaden 1998

Rapp, Andrea: Bücher gar hübsch gemolt: Studien zur Werkstatt Diebold Laubers. Bern 1998

Schmidt-Künsemüller, Friedrich Adolf: Die Erfindung des Buch-drucks als technisches Phänomen. Mainz 1951 (Kleiner Druck der Gutenberg-Gesellschaft 48)

Steinberg, S. H.: Die schwarze Kunst. 500 Jahre Buchwesen. Mün-chen 1988

Teichl, Robert: Der Wiegendruck im Kartenbild. In: Bibliothek und Wis-senschaft 1 (1964), S. 201–265, mit 1 Karte

Tiemann, Barbara (Hg.): Die Buch-kultur im 15. und 16. Jahrhundert. Zwei Halbbände. Hamburg 1995 und 1999

Widmann, Hans: Der deutsche Buchhandel in Urkunden und Quellen. Hamburg 1965

Widmann, Hans: Vom Nutzen und Nachteil der Erfindung des Buch-drucks – aus der Sicht der Zeit-genossen des Erfinders. Mainz 1973 (Kleiner Druck der Gutenberg-Gesellschaft 92)

7. Buchdruck und Humanismus

Flasch, Kurt: Nikolaus von Kues. Geschichte einer Entwicklung. Frankfurt a. M. 1998

Füssel, Stephan (Hg.): Deutsche Dichter der frühen Neuzeit. Ihr Leben und Werk. Berlin 1993

Füssel, Stephan: «Dem Drucker aber sage er Dank …» Zur wechsel-seitigen Bereicherung von Buch-druckerkunst und Humanismus. In: Artibus. Festschrift für Dieter Wuttke zum 65. Geburtstag. Wiesbaden 1995, S. 167–178

Kleinschmidt, Erich: Stadt und Literatur in der Frühen Neuzeit. Köln / Wien 1982

Krafft, Fritz, Dieter Wuttke (Hg.): Das Verhältnis der Humanisten zum Buch. Boppard 1977 (Kom-mission für Humanismusfor-schung, Mitteilung IV)

Ludwig, Walther: Der Humanist und das Buch. Heinrich Rantzaus Liebeserklärung an seine Bücher. In: Illinois Classical Studies 19 (1994), S. 265–281

Widmann, Hans: Die Wirkung des Buchdrucks auf die humanisti-schen Zeitgenossen des Erfinders. In: Krafft/Wuttke: Das Verhältnis der Humanisten zum Buch. Bop-pard 1977, S. 63–88

Wuttke, Dieter: Humanismus als integrative Kraft. Die Philosophia des deutschen ‹Erzhumanisten› Conrad Celtis. Nürnberg 1985

ÜBER DEN AUTOR

Univ.-Professor Dr. Stephan Füssel, Jg. 1952, Promotion 1983 an der Universität Göttingen mit einer Arbeit über italienisch-deutsche Literatur- und Kulturbeziehungen in der Renaissance, Habilitation 1991 an der Universität Regensburg mit einer Verlagsgeschichte über den bedeutendsten Verleger der deutschen Klassik, Georg Joachim Göschen (1752–1828); seit 1992 Inhaber des Gutenberg-Lehrstuhls der Universität Mainz und Leiter des Instituts für Buchwissenschaft; Präsident der Willibald-Pirckheimer-Gesellschaft zur Erforschung von Renaissance und Humanismus (Nürnberg); ordentl. Mitglied der Historischen Kommission des Börsenvereins des Deutschen Buchhandels (Frankfurt a. M. und Leipzig) und Vorstandsmitglied der Internationalen Gutenberg-Gesellschaft (Mainz).
Zahlreiche Publikationen zum Frühdruck, zum Buchhandel und Verlagswesen vom 18.–20. Jahrhundert und zur Medienkonkurrenz der Gegenwart.

DANK

Für die Bereitstellung der Abbildungsvorlagen danke ich allen beteiligten Museen und Bibliotheken, besonders für die gute Kooperation der Staats- und Universitätsbibliothek Göttingen (Prof. Dr. Elmar Mittler, Dr. Helmut Rohlfing). Für redaktionelle Hilfe gilt mein Dank Daniela Füssel, Franz Jürgen Götz M. A. und Dr. Christoph Reske, Mainz.

rowohlts monographien
Begründet von Kurt Kusen-
berg, herausgegeben von
Wolfgang Müller und Uwe
Naumann.

Alfred Andersch
dargestellt von
Bernhard Jendricke
(50395)

Lou Andreas-Salomé
dargestellt von Linde Salber
(50463)

Bettine von Arnim
dargestellt von
Prof. Helmut Hirsch
(50369)

Jane Austen
dargestellt von
Wolfgang Martynkewicz
(50528)

Ingeborg Bachmann
dargestellt von Hans Höller
(50545)

Simone de Beauvoir
dargestellt von
Christiane Zehl Romero
(50260)

Wolfgang Borchert
dargestellt von
Peter Rühmkorf
(50058)

Albert Camus
dargestellt von
Brigitte Sändig
(50544)

Paul Celan
dargestellt von Prof. Dr.
Wolfgang Emmerich
(50397)

Ernest Hemingway
Hans Peter Rodenberg

Raymond Chandler
dargestellt von
Thomas Degering
(50377)

Theodor Fontane
dargestellt von
Helmuth Nürnberger
(50145)

Ernest Hemingway
dargestellt von
Hans-Peter Rodenberg
(50626)

Henrik Ibsen
dargestellt von
Gerd E, Rieger
(50295)

James Joyce
dargestellt von Jean Paris
(50040)

rowohlts monographien

Ein Gesamtverzeichnis der
Reihe *rowohlts mono-
graphien* finden Sie in der
Rowohlt Revue. Viertel-
jährlich neu. Kostenlos in
Ihrer Buchhandlung.
Rowohlt im Internet:
www.rowohlt.de